10대와 통하는 심리학 이야기

10대와 통하는
심리학 이야기

제1판 제1쇄 발행일 2017년 11월 27일
제1판 제8쇄 발행일 2024년 8월 15일

글 _ 노을이
그림 _ 강병호
기획 _ 책도둑(박정훈, 박정식, 김민호)
디자인 _ 채홍디자인
펴낸이 _ 김은지
펴낸곳 _ 철수와영희
등록번호 _ 제319-2005-42호
주소 _ 서울시 마포구 월드컵로 65, 302호(망원동, 양경회관)
전화 _ (02)332-0815
팩스 _ (02)6003-1958
전자우편 _ chulsu815@hanmail.net

ISBN 979-11-88215-05-8 43180

철수와영희 출판사는 '어린이' 철수와 영희, '어른' 철수와 영희에게
도움 되는 책을 펴내기 위해 노력합니다.

10대와 통하는 심리학 이야기

글 노을이 | 그림 강병호

철수와영희

들어가는 말

심리학을 배우면 세상이 더 넓고 깊게 보입니다

심리학을 공부하고 알아 갈수록 '이 길을 선택하길 잘했다'고 생각합니다. 바로 심리학의 바탕이 인간에 대한 애정이라고 느끼기 때문이죠. 심리학은 인간에 대해 알고자 하는 마음, 인간에게 도움을 주고자 하는 마음에서 시작되었어요. 이런 관심이 오늘날 심리학을 인간에 관한 가장 다양한 지식을 가진 학문으로 만들었답니다. 그래서 사람이 있는 곳엔 이제 어디든 심리학이 활용되고 있어요. 여러분이 오늘 하루 동안 수없이 들여다본 핸드폰 속에, 매일 펼치는 교과서 안에, 거리에서 지나치는 광고판에, 유행하는 스타일과 좋아하는 음식 속에도 심리학이 자리 잡고 있습니다.

심리학은 사람이 전 일생을 살아가는 동안 경험하는 다양한 변화와 성장, 그리고 어려움과 상처에 관심을 기울여요. 한 사람이 성숙하고 행복한 삶을 살아가는 데 필요한 도움을 심리학은 주고자 합니다. 그런 심리학이 특히 중요하게 여기고 주목하는 시기가 바로 여러분의 나이, 청소년기예요.

10대는 '나'의 주인이 되고 '나'를 사랑하는 마음을 배우는 중요한 시기입니다. 다른 이와 어떻게 관계 맺을지 배우고, 나아가 세상을 대하는 태도를 배우는 아주 소중한 시기죠. 제 10대 시절을 돌아보면 꽤 진지한 소녀였어요. 자존감은 이따금 흔들리는 촛불처럼 불안정했고, 야간 자습 시간에 책상에 앉아 있으면 공부 대신 고민할 거리가 참 많았죠. 사춘기라는 거센 물결을 타 넘고 있었던 거예요. 아기 피부처럼 여린 사춘기의 마음에 얼마나 많은 격려와 사랑이 필요한지, 실패할 자유와 모험이 필요한지 떠올려 봅니다. 이 세상에서 단 하나뿐인 여러분은 참 소중한 존재예요. 완벽하지 않아도 온전히 사랑스러운 자신을 만나도록, 심리학은 여러분을 기꺼이 도우리라 믿어요.

심리학은 저에게 새로운 세상의 문을 열어 주었어요. 심리학을 배우면서 세상은 더 넓고 깊게 보였고, 사람은 더 풍성한 존재가 되었습니다. 다른 이를 어떻게 이해하고 사랑해야 하는지, 어떻게 다가서고 도와야 할지도 가르쳐 주었죠. 무엇보다도, 심리학은 인간이 일생에 걸쳐 끊임없이 성숙해야 함을 알려 주었어요. 흐르는 강의 물결이 햇빛에 반짝이듯, 우리의 아름다움은 그 성숙의 여정에서 드러남을 배웠습니다.

이 책이 여러분에게도 심리학이라는 새로운 문을 여는 작은 기회가 되면 좋겠어요. 광활한 심리학의 영역 중에 관심 가는 분야를 찾고, 꼭 도움이 필요했던 부분을 어루만지는 손길이 되길 소망해요. 그래서 여러분이 걷는 성숙의 길에 하나의 디딤돌이 된다면 더 바랄 게 없습니다.

심리학의 세계를 알아 가도록 좋은 가르침을 주신 은사님들, 저를 누구보다 잘 알면서도 늘 있는 그대로 사랑하고 감싸 주는 존경하는 남편, 그리고 살아갈수록 온 삶을 뒤덮고 있는 사랑을 발견하게 하시는 그분께, 진실한 감사를 전합니다.

2017년 11월

노을이

차례

2부 | 우리 곁의 진짜 심리학

3부 | 관계를 열어 주는 심리학

4부 | 진로와 학습, 심리학에게 물어봐!

1부

똑, 똑, 심리학을 만나요

01

심리학, 정확히 알려 주세요!

아주 오래전부터 인류는 단순히 먹고 자고 몸이 편안함만으론 만족하지 못하는 인간의 특징이 어디서 왔는지 궁금해했어요. 왜 슬프거나 화가 나는지, 왜 사랑과 인정을 원하는 건지, 좋고 싫은 취향은 어떻게 생기는지, 이상과 발전을 추구하는 이유는 무엇인지. 이 모든 현상의 주인인 '마음'은 어떻게 생겼고, 어떤 원리를 따라 움직이는지 끊임없이 탐구해 왔어요.

바로 이 탐구심에서 심리학이 탄생합니다. 심리학은 '인간은 어떤 존재인가?'를 알고자 하는 시도죠. 특히, 눈에 보이지 않는 '마음'은 심리학의 핵심 주제이자, 오랫동안 사람들이 밝혀내길 원한 신비의 영역이에요.

마음은 어디에 있을까?

한 번쯤 궁금해해 본 적 있죠? 우리의 마음은 어디에 있을까요? 오랜 세월 많은 시인의 노래처럼 심장에 있을까요? 아니면 머리에 있을까요? 그것도 아니면 볼 수는 없지만 내 안에 존재하는 영혼이 마음의 자리일까요? 이런 궁금증은 여러분뿐 아니라 우리보다 먼저 살았던 연구자들에게도 중요한 문제였답니다. 유명한 철학자 데카르트 René Descartes, 1596~1650도 몸과 마음은 각각 구성하는 물질이 다르고, 마음을 구성하는 물질은 우리 인간의 탐구 영역을 벗어난다고 주장했어요. 동시에 마음을 구성하는 물질은 오직 인간만이 갖고 있다고 말하기도 했지요. 이렇듯, 내 안에 분명히 존재하지만 실체를 보지 못하는, 인간을 인간 되게 하는 그 무엇. 이 마음은 어떻게 구성되어 있을까요?

우리는 흔히 '생각'은 머리로 한다고 여겨요. 하지만 감정은 '가슴'으로 느낀다고 많이 인식합니다. 여러분도 경험해 본 적이 있을 거예요. 무척 슬프거나 화나는 일을 겪을 때 가슴이 옥죄거나 심장이 아픈 듯한 경험 말이죠. 좋아하는 사람과 함께 있거나 무척 긴장할 때 심장이 쿵쾅거리기도 합니다. 그래서 오래전부터 사람들은 마음이 '가슴'(심장)에 있다고 생각했습니다. '마음'과 '가슴'이 비슷한 의미로 사용되는 이유도 이 때문이죠. 사람들은 흔히 생각은 합리적으로 조절되지만, 감정은 자신이 통제하기 어렵다고 느껴요. 그래서 "아아,

나도 어쩌지 못할 그대 향해 타는 심장." 같은 문학적 표현이 공감을 받곤 하죠. 심장이 뛰는 일을 스스로 조절 못 하듯이 통제하기 어려운 감정도 심장에 있다고 생각하는 거예요. 그러나 마음엔 생각과 감정이 다 포함되어 있지요.

옛날 사람들은 정말로 인간의 몸속에 마음이 존재하는 공간이 있다고 생각했어요. 그러나 죽은 사람의 몸을 해부해 보니 가슴 속은 심장과 폐로 꽉 차 있을 뿐, 마음의 공간이 없었습니다. 다른 곳도 소장과 대장을 비롯한 장기로 꽉 차 있었죠. 그래서 낭만적인 사람들은 '심장'이 마음의 방이라고 주장했습니다. 혹은 사람이 죽으면 동시에 마음이 몸속에서 떠나간다고 생각하기도 했죠. 그러나 곧이어 엑스레이, 내시경 기술이 개발되었어요. 그리고 살아 있는 사람의 몸속을

보아도 '마음의 공간'은 없다는 것을, 심장 속도 끊임없이 순환하는 혈액으로 가득할 뿐임을 알게 되었죠. 그래서 마음이 물리적으로 우리 몸속에 존재한다는 주장은 완전히 힘을 잃었습니다. 여러분도 '어떻게 마음이 실제로 보인다고 생각했지?' 하고 의아해할지도 몰라요. 하지만 지금만큼 기술이 발달하기 전에는 그렇게 믿기도 했답니다. 그 믿음이 깨지면서 사람들은 큰 인식 변화를 겪어야 했어요. 아폴로 11호가 달에 첫 착륙을 하면서 파란 하늘 위에 천국이 있다고 믿었던 사람들이 크게 인식 변화를 겪었듯이 말이죠. 물론 달에 토끼도, 떡방아도 없다는 실망스러운 사실도 받아들여야 했죠.

그럼 마음은 정말 어디에 있을까요? 피니어스 게이지Phineas Gage, 1823~1860라는 사람이 당했던 사고 때문에 이 문제에도 새로운 시각이 열리게 됩니다. 미국의 한 철도공사 감독관이던 게이지는 땅에 다이너마이트를 매설하는 작업을 하다 폭발이 일어나 쇠막대기가 왼쪽 뺨부터 오른쪽 머리 위쪽을 꿰뚫는 상처를 입었어요. 그 때문에 두개골과 왼쪽 전두엽*이 손상되었죠. 죽을 위기에 처했지만 다행히 회복한 게이지는 그 사고 이후로 행동과 성격이 완전히 다른 사람처럼 변했다고 해요. 그래서 친구들은 그가 게이지가 아니라고 생각할 정도였죠. 뇌 일부의 손상이 '마음'에 큰 영향을 준다는 것을 알려 준 첫 번째 사건이었어요. 이 사건 이후로 인간의 내면과 뇌의 관계가 집중

---

* 두뇌의 앞쪽, 즉 이마 쪽에 있는 뇌의 부위를 전두엽이라고 해요. 우리가 사고, 판단을 하고 어떤 결정을 내리는 데 중요한 역할을 하죠.

적으로 연구되었죠. 많은 노력 끝에 현대에 눈부시게 발전한 분야 중 하나가 '뇌 과학'입니다. MRI(자기 공명 영상)라는 기술이 개발되면서 살아 있는 인간의 뇌 속 변화를 관찰하게 되었어요. 동시에 인간의 뇌에 대한 많은 비밀이 밝혀지기 시작했죠. 그리고 많은 뇌신경학자는 강력히 주장합니다. 인류가 오랫동안 알지 못했던 마음의 자리는 바로 '뇌'에 있다고 말이죠.

마음의 자리, 뇌 이야기

마음이 어디에 있을까? 하는 질문에 대답하기 위해선 뇌 과학 이야기를 조금 해야만 한답니다. 우리의 뇌는 뉴런이라는 신경 세포로 이루어져 있어요. 여러분 중에 이 세포의 그림을 본 사람도 있죠?

이 신경 세포는 몸의 다른 세포와는 다르게 생겼지요. 핵이 있는 세포체와 거기에서 뻗어 나온 긴 축삭 돌기*, 그리고 다른 신경 세포로 뻗어 정보를 받는 가지 돌기**로 이뤄져 있어요. 굳이 비유하자면 나무 같은 형태랄까요? 뇌를 이루는 세포 모양이 이렇게 다른 이유는 많은 양의 정보를 주고받으며 처리해야 하기 때문이지요. 가슴으로

* 가지 돌기에서 받아들인 정보가 이동하는 통로. 이 끝에서 다른 세포로 전달이 돼요. 긴 것은 1미터가 넘는다고 해요!

** 나뭇가지처럼 여러 갈래로 뻗어 다른 세포에서 정보를 받아들이는 부분. 한 세포에 1000~1만 개가 있어요. 엄청난 수죠?

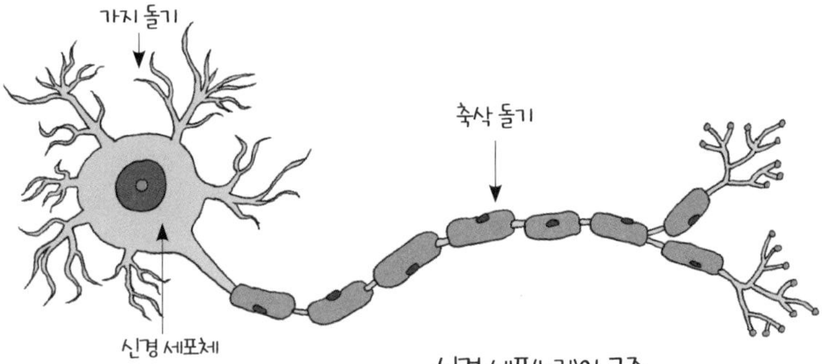

신경 세포(뉴런)의 구조

느낀다고 믿었던 감정은 사실 뇌의 신경 세포 끝에서 분비되는 신경 전달 물질 때문에 느껴진다고 해요. '신경 전달 물질'은 신경 세포에서 다음 신경 세포로 정보가 전달되도록 자극하는 물질이에요. 한 신경 세포에서 다음 신경 세포로 정보가 전달되려면 가지 돌기에서 받은 정보를 축삭 돌기 끝에서 다른 세포에 건네 줘야 하거든요. 그런데 신경 세포 사이는 100만 분의 2센티미터 정도 떨어져 있답니다. 이 떨어진 간격에 신경 전달 물질을 분비해서 그 자극을 다음 세포가 받아들이도록 하죠. 이 일이 이뤄지는 곳을 신경 세포 연결망, 즉 '시냅스'라고 부른답니다. 세로토닌, 엔도르핀, 도파민*** 같은 이름을 들어 본 사람도 있죠? 이 신경 전달 물질의 종류에 따라 우리가 느끼는 기분과 신체 상태가 달라집니다.

그럼 나는 왜 좋아하는 사람을 만나면 가슴이 두근거리느냐고요?

*** 시냅스에서 분비되는 신경 전달 물질의 일종. 이 세 물질은 주로 평안함, 기쁨, 행복함, 즐거움 같은 느낌과 연관이 깊습니다.

뇌에서 신경 전달 물질이 분비되면 뇌는 그 종류에 따라 몸을 흥분시키고, 그래서 심장이 뛰거나 근육이 긴장되거나 몸이 뜨거워지는 듯한 반응을 느껴요. '마음'을 구성하는 것은 결국 신경 세포들 간의 조화로운 신호 전달 때문이고 이 신호 전달은 시냅스라는 구조를 통해서 이뤄진다고 현대의 뇌 과학자들은 주장해요. 뇌가 없으면 마음도 존재하지 않는다는 거죠.

마음이 심장에 있다고 생각할 때의 낭만이 신경 세포니 신경 전달 물질이니 하는 딱딱한 말들로 대체되어야 한다니, 실망스러운가요? 내 마음을 단순히 그런 생물학적 화학 작용이라고 말하는 것이 싫을 수도 있어요. 사실 저도 좀 그랬거든요. 하지만 아직 실망하긴 일러요. 최신 연구에서는 뇌의 변연계*와 같은 조직이 심장에도 있어서 뇌와 서로 신호를 주고받는다는 것을 발견했어요! '마음'의 자리는 뇌일지 모르지만, 그 뇌의 일부가 심장에 있을 수도 있다는 거죠. 오래전부터 인간이 믿어 왔던 '가슴으로 느끼는 마음'은 정말 있을지도 모릅니다. 그리고 우리의 뇌는 놀라운 신비를 아직도 많이 간직하고 있어요. 한 사람의 뇌는 100억 개 이상의 신경 세포를 가지고 있어요. 정보를 주고받는 '시냅스'는 100조 이상이라고 해요. 그러니 우리 머

---

* 변연계는 전두엽보다 훨씬 먼저 완성되는 뇌 조직이에요. 우리의 정서, 본능적 행동과 관련이 깊지요. 특히 변연계에 속한 해마와 편도체는 우리의 경험이 기억으로 저장되는 장소인데, 그 형태는 본능적인 정서 반응이에요. 예를 들어, 뱀에 물린 기억이 있다면 그 기억이 편도체에 저장되어 있다가, 뱀을 보기만 해도 공포가 느껴지고 도망가고 싶고, 극도로 긴장하는 반응을 일으키죠. 전두엽이 이 기억을 논리적으로 처리하기 전까지는 왜 자신이 이런 반응을 하는지 모를 수도 있어요.

릿속엔 100조가 넘는 신경 세포 연결망이 형성되어 있어요. 이 연결망이 사람마다 다르니 우리의 마음도 각자 다른 것이고, 이 연결망에서 처리되는 정보도 다르니 더욱 우린 독특한 '한 사람'이 될 수밖에 없죠. 같은 걸 보아도 똑같이 느끼는 마음은 하나도 없다는 말이지요.

가장 유연하고 무궁무진한 발전의 잠재력을 갖춘 뇌가 마음의 자리임은 이제 과학적인 사실로 인정받고 있어요. 일부 과학자들은 이제 뇌 연구로 '마음'의 실체가 다 밝혀진다고 주장해요. 한 사람의 성격은 대부분 유전자로 결정되고 질병에 걸리거나 정신병이 생길 확률까지 알아낸다고 말하죠. 지금은 신기술로 밝혀낸 새로운 사실에 흥분해 있지요. 그러나 20세기 최고의 지성이라고 일컫는 노엄 촘스키는 이렇게 말해요.

"우리의 생물학적인 재능으로는 도달하기 힘든 이론에 마음 이론이 포함된다는 건 지극히 당연한 일로 여겨집니다. (…) 우리는 생물학적인 유기체로서 사실상 마음을 규명할 이론을 손에 넣지 못할 것이기 때문에, 결국 인간은 신비롭고 난해한 특성을 지닌 존재라는 게 밝혀질 겁니다."

인간의 지성과 기술 범위 안에서는 마음의 원리를 다 밝혀내지 못한다고 말한 거죠. 과학 기술이 더 발전하면서 결국 '마음'은 우리가 발견한 뇌신경학적 활동 그 이상으로 신비롭다는 사실이 드러나리라고 말이에요. 그런데 이 촘스키가 현대 뇌 과학 발전에 결정적인 영향을 미친 인물이란 사실을 알고 있나요? 자신이 엄청나게 발전시킨 분야를 보면서도 이렇게 얘기한다는 건 재미있고도 의미심장한 일이지요. 저도 이런 촘스키의 생각에 동의해요. 시간이 좀 더 흐르면 뇌의 전기 신호와 유전만으로 다 설명 못 하는 인간의 독특함이 많이 발견되리라 생각해요. 마음이 심장에 있다고 믿었던 무렵의 그 신성함과 신비로움을 여전히 간직한 인간을 우리는 새로운 기술의 발전 속에서 경이롭게 다시 만나게 되리라 믿어요.

마음도 바꿀 수 있나요?

'난 성격이 왜 이럴까?'

'좀 더 적극적이고 밝은 사람이 되고 싶어.'

이런 고민을 하는 사람이 있나요? '마음'을 바꿔 보고 싶다는 고민을 저도 수없이 했었답니다. 지금은 별로 그런 생각을 하지 않지만, 10대 땐 내 코 모양부터 사고방식까지 더 나아지고 싶은 부분이 무척 많았어요. 요즘 '자존감'이 중요하다거나 '긍정적'인 사람이 행복하다는 등 '마음의 태도'를 자꾸 강조하죠. 그럼 나의 마음을 더 건강하게 바꾸는 일은 가능할까요? 그래요, 원한다면 우리의 마음은 바뀐답니다. 그 이유는 바로 뇌가 인체에서 가장 유연하고 변화가 잘 되는 곳이기 때문이에요. 앞서 얘기한 신경 세포 연결망은 새롭게 생성되거나 바뀌는 변화가 잘 일어나요. 그리고 이 연결망이 바뀌면 우리의 느낌과 인식도 달라지지요. 바로 이 때문에 심리 상담을 통해 다른 사람을 돕는 일도, 마음이 힘든 사람이 회복되어 더 건강하고 성숙해지는 변화도 가능하답니다.

그럼 어떻게 바꾸냐고요? 가장 쉬운 방법은 새로운 정보를 익히는 일이에요. 쉽게 얘기하면 '공부'를 하는 거죠. 이런 이런, 여러분의 눈길이 곱지 않음이 벌써 느껴지는데요? '쳇, 결국 공부하라는 얘기 아냐'라고 생각한다면 오해예요. 여러분에게 수험 공부를 열심히 하면 마음이 건강해진다고 말하려는 게 아니에요. 도리어 '공부'라는 말이 이런 의미로만 쓰이게 된 현실이 무척 슬픈걸요. 공부란 말 그대로 '새로운 것을 배우는 일'을 의미해요. 예를 들어 여행하거나, 책을 읽으며 새로운 것을 보고 느끼는 일을 말하죠. 그런 것을 통해 감동하거나 새로운 가치관을 갖게 되면 머릿속에서는 새로운 연결망이 형성돼요. 그러니 다양한 인문학 서적을 읽으며 깊고 통찰력 있는 사고를 배워 보거나, 새로운 경험을 해 보면 그만큼 뇌의 구조가 달라진단 말이죠.

인지 치료의 대가인 앨버트 엘리스Albert Ellis, 1913~2007도 원래 무척 수줍음이 많고 낯을 가리는 성격이었다고 합니다. 그런 자신을 바꿔 보려고 19살 때 실험을 했었는데, 한 달간 길에서 만나는 여성 100명에게 데이트 신청을 해 보는 일이었어요. 원래 여성 앞에서 극도로 수줍어하고, 거절당할까 봐 공포를 느꼈던 그가 얼마나 큰 용기를 내었는지 상상이 가나요? 결국 아무와도 데이트를 하지는 못했지만, 이 경험을 통해 '아, 다른 사람에게 거절당하는 일이 내가 생각한 만큼 치명적으로 고통스러운 일은 아니구나.' 하고 가치관이 바뀌었다고 해요. 그 후 엘리스는 훨씬 다른 사람을 편하게 대하게 되었어요. 바로 경험을 통해 신경 세포 연결망에 변화가 일어난 예죠.

그리고 기존에 쓰던 연결망을 쓰지 않아도 마음은 달라집니다. 그 연결망이 퇴화하거든요. 예를 들면 '아무도 날 좋아하지 않아'라는 믿음을 가진 사람이 이 생각에 반대되는 증거를 모으고 생각을 수정해서 '이 세상엔 날 좋아하는 사람도 있어. 모두가 날 좋아하는 건 아니지만, 꼭 그럴 필요는 없어'라고 생각하는 연습을 계속한다고 해 봐요. 그럼 점점 원래 '아무도 날 좋아하지 않아'라고 생각할 때 썼던 연결망은 사용하지 않게 되어 그 크기가 줄어듭니다. 그리고 새롭게 만들어진 '날 좋아하는 사람도 있어'라고 생각하는 연결망이 발달하죠. 그래서 결국엔 '날 좋아하는 사람도 있어'라는 생각이 더 자연스러워지게 됩니다. 생각하는 일은 뇌 속에 난 산책로를 걷는 일과 비슷해요. 자주 걷고 많이 사용하는 길일수록 더 넓어지고 평탄해져서 가기 쉬워지죠. 반대로 잘 가지 않는 길은 금방 없어지거나, 오랜만에 가려 해도 무성한 풀에 덮여 쉽지가 않아요. 뇌의 신경 세포 연결망이 바로 이와 같답니다.

마지막으로 상상하는 일로도 뇌는 변화된답니다. 창의적인 상상은 뇌에 새로운 연결망을 만들어 내요. 어떻게 상상만으로 마음이 달라지느냐고요? 사실 우리 뇌는 상상과 현실을 구분하지 못해요. 그래서

창의적이고 정밀한 상상만으로 실제로 그 경험을 하는 듯 인식하는 효과가 나타나죠. 국가 대표 선수들의 '이미지 트레이닝' 훈련이 효과가 있는 것도 바로 이 때문이에요.

마음을 공부할 수 있나요?

마음을 연구하려는 열망은 아주 오랜 옛날부터 이어져 왔어요. 신비의 영역인 마음을 우리가 이해할 만한 내용과 방식으로 정리하고 밝히고 싶었던 거죠. 인간은 '왜' 그런지, 나는 '왜' 이런지, 그 '이유'

를 알고자 하는 노력은 '심리학'이란 말이 생기기도 전부터 계속됐답니다. 마음은 공부할 수 있고, 현재도 활발히 연구되고 있습니다. 바로 심리학을 통해서 말이죠. 심리학은 인간의 행동과 심리 과정을 과학적으로 연구하는 학문 분야예요. 나아가 몸을 조절하는 생리적 과정, 그리고 인간관계와 사회화 과정까지 폭넓게 연구하죠.

과학이 존재하기 전부터 있었던 심리학은 원래 철학의 한 부분이었어요. 오늘날 학문 대부분이 고대 철학에서부터 시작되었거든요. 그러나 오늘날 심리학은 분명한 '과학'의 한 분야입니다. 점성술, 문학 등과 달리 심리학은 모든 사람에게 해당하는 일반 원리, 법칙을 찾죠. 과학적인 연구 방법을 사용하고, 연구 결과 알아낸 사실을 다른 심리학자들이 다시 검증해도 동일한 결과가 나올 때 비로소 '과학적 사실'이라고 인정합니다.

심리학 하면 프로이트의 정신 분석이나 상담실에서 힘든 마음을 털어놓는 일같은 부분만 생각해 왔는데 성격이 너무 다른가요? 네, 맞아요. 여러분이 아는 심리학도 심리학의 한 부분입니다. 상담 심리학이죠. 연구된 내용을 활용하여 직접 사람을 만나고 돕는 응용 심리학의 한 분야예요. 그러나 심리학은 그보다 훨씬 큰 영역이랍니다. 심리학의 연구 주제는 '인간'입니다. 연구 목적은 바로 '인간을 이해하는 일'이죠. 그래서 심리학은 뇌 과학, 유전학 같은 생물학에서부터 인류학, 비교 문화학 같은 사회 과학에 이르기까지 넓은 범위를 다루고 있어요.

요즘 청소년이 가장 관심을 많이 가지는 분야 중 하나가 심리학이라고 해요. 장래 희망으로 심리 상담사를 꼽는 친구들의 수도 부쩍 늘고 있죠. 제가 심리학을 배웠다고 얘기하면 많은 사람이 호기심 가득한 얼굴로 이것저것 물어봐요. "심리학을 공부하면 정말 사람의 마음을 읽을 수 있나요?", "나는 어떤 사람인 것 같아요?", "내가 좋아하는 사람이 내게 관심이 있는지 알려면 어떻게 해야 해요?" 등등.

심리학에 대한 관심은 사실 '나는 누구인가'와 '나는 어떻게 하면 행복할까'에 대한 관심, 즉 개인적 관심에서 출발해요. 저도 처음 심리학의 문을 두드렸던 마음을 돌아보면 이 마음에서 크게 벗어나지 않아요. 거기서 출발한 마음이 '나와 같은 사람을 돕고 싶다.' '다른 사람이 행복하도록 돕는다면 나도 행복할 듯하다'는 마음으로 확장

되었죠.

결국, 심리학은 '나와 우리'를 향한 깊은 애정이 그 밑바닥에 살아 숨 쉬는 학문이라고 생각해요. 지금도 심리학에 대한 연구가 인간 사회와 시대적 현실에 도움이 되려는 목적으로 활발히 이뤄지고 있어요.

02

여러 색깔의 심리학

오늘 내가 '사고 싶다'고 느낀 멋진 옷 광고에 심리학을 활용하고 있다는 걸 알고 있나요? 필수품이 된 휴대 전화 자판의 배열도 심리학 연구의 결과물이랍니다. 백화점은 고객들이 좀 더 많은 제품에 매력을 느끼고 더 오래 머물게 하려고 복잡한 동선을 짜고 시계와 창문을 없애죠. 홈쇼핑에서 "마감 임박" "지금 주문이 폭주하고 있습니다!" 같은 표현을 쓰는 이유도 실은 심리학을 활용한 것이에요. 드라마나 만화가 극적인 장면 바로 직전에 끝나며 다음 화를 보도록 유도하는 것도 마찬가지예요. 이처럼 여러분이 생각지 못한 다양한 영역에 이미 심리학은 자리 잡고 있답니다.

'인간을 알고 싶다'는 탐구에서 시작된 심리학의 전통적인 성격을 그대로 가진 영역을 기초 심리학이라고 해요. 이 영역은 인간에 대한 새로운 사실을 밝히고 끊임없이 연구하고 있죠. 그리고 기초 심리학에서 밝혀진 내용을 실제 우리 삶에 접목해 응용하는 영역을 응용 심리학이라고 해요. 이 분야는 다른 여러 학문과 다양하게 결합하여 새로운 분야를 탄생시키고 있답니다. 그럼 다양한 심리학의 모습을 구체적으로 한번 들여다볼까요?

기초 심리학

기초 심리학은 '마음은 어디 있을까?'에서부터 '인간은 어떻게 성장하는 걸까?', '성격은 어떻게 생길까?' 같은 질문을 하는 학문이에요. 인간의 보편적인 특징과 심리적 법칙을 이해하는 데 힘을 기울이는 분야지요. 역사도 오래되었고, 지금 우리가 일상적으로 접하는 심리학의 바탕이 되었습니다. 그럼 기초 심리학에는 구체적으로 어떤 분야가 있는지 간단히 살펴볼까요?

눈과 귀로 보고 듣는 것을 사람은 어떻게 인식할까? 어떻게 하면 인식이 바뀔까? 등을 궁금해하고 깊이 연구하는 분야로 지각 심리학이 있답니다. 나는 어떻게 '보는' 걸까? 그리고 내가 보는 것이 무엇인지 어떻게 '알까' 궁금해한 적은 없나요? 이런 걸 궁금해한 사람들이 있답니다. 그 사람들은 눈에 보이는 것과 들리는 소리에 우리가 어떻게 '의미'를 부여하는지 등을 궁금해했어요. 이상한 걸 연구한다고요? 이 사람들이 밝혀낸 사실 중에 여러분이 잘 아는 것도 있지요. 바로 '착시 효과'입니다. 우리 뇌가 보이는 자극을 어떻게 해석하는지 알게 되는 재미있는 실험이죠. 현대 지각 심리학은 뇌 과학과도 관련이 깊답니다.

학습 심리학도 일찍부터 심리학자들이 연구한 분야예요. 학습이라고 하니 재미없는 느낌이 확 드나요? 아니에요. 여기서 말하는 '학습'은 인간이 어떤 행동을 배우고 익숙해지는 일을 말한답니다. '컴퓨터 같은 복잡한 도구를 어떤 과정을 거쳐 능숙하게 다루게 될까?' 같은 의문을 연구한다고 생각하면 돼요. 초기엔 '생쥐가 단추를 누르면 먹이가 나온다는 사실을 어떻게 학습하는가?' 같은 실험을 했죠. 한때 심리학의 역사에서 주역이 되기도 했던 영역이랍니다.

언어 심리학은 '어떻게 사람이 언어를 배우고 사용하는가?'를 다룬 분야예요. 사실 우리가 다른 동물의 울음소리를 알아듣지 못하듯, 인간의 말소리도 생각해 보면 그냥 소리일 뿐이잖아요. 그런데 어떻게 우리는 그런 소리의 종류에 따라 의미를 부여하고, 알아듣고 말하며 응용할까요? 아기가 말을 배워 가는 과정을 보면 무척 신비롭답니다. 더구나 나라별로 다른 언어를 사용하잖아요! 이런 의사소통의 원리를 이해하고자 연구하는 사람들이 언어 심리학자예요. 현대에는 인공 지능 개발 분야와도 밀접하게 연관되죠.

생리 심리학은 가장 대표적으로 뇌를 연구하는 학문이에요. 마약 같은 특정 물질이 뇌에 일으키는 효과나 앞서 말한 신경 전달 물질이 하는 역할을 밝혀내기도 하죠. 우리가 어떻게 판단하고 그걸 행동에 옮기는지, 뇌의 각 영역은 인간의 어떤 행동과 관련되어 있는지 지금도 왕성히 연구하고 있답니다.

비교 심리학은 동물 심리학이라고 불리기도 해요. 이 연구자들은 인간도 지구 상에 존재하는 하나의 '동물종'으로 봐요. 그리고 다른 동물과 인간 사이의 심리적인 공통점과 차이점, 특징 등을 연구하는 분야죠. '다른 동물도 인간처럼 심리가 있을까?' 궁금해해 본 적 있을 거예요. 돌고래도 짝사랑을 하고 실연당하면 우울증에 걸리기도 한다는 사실을 알고 있나요? 돌고래나 침팬지도 언어로 서로 의사소통을 한다는 발견이나 동물에서 발견되는 모성애 등은 이 분야에서 왕성히 연구한 성과랍니다.

사회 심리학은 인간이 사회를 이루었을 때 나타나는 집단적인 행동과 영향력을 연구해요. '왜 사람들은 아이돌에 열광할까?', '왕따 현상은 왜 생길까?', '이미 쓰레기가 버려져 있는 곳에는 왜 사람들이 더 쉽게 쓰레기를 버릴까?' 같은 연구도 사회 심리학의 주제지요. 인간은 사회에 속해 살아가는 존재이고 우리 상상 이상으로 사회의 영향을 많이 받는답니다. 그래서 주변에서 어떤 일이 일어났는지가 우리 행동과 판단을 다르게 결정해요. 이런 집단 속의 인간을 연구하고 인간에 대한 새로운 이해를 제공하는 분야가 사회 심리학이랍니다.

성격 심리학은 '어떻게 사람마다 다른 성격이 형성될까?'를 궁금해해요. 친구들이 많이 들어 본 각종 심리 검사도 성격 심리학에서 연구 개발하는 것이랍니다. 사람들이 흔히 가지게 되는 성격의 특징을 밝혀내고 유형별로 분류해 사람들을 이해하는 기준을 제시하기도 하죠. 이런 걸 '성격 유형'이라고 해요. 성격 심리학은 유전학, 발달 심리학과도 관계가 깊고 정신 병리학과도 깊은 연관이 있어요. 인간의 성격이 형성되려면 다양한 요소가 영향을 미치기 때문이죠.

발달 심리학은 '사람이 태어나서 죽기까지 어떻게 성장해 가는가?'

를 연구해요. 한 번쯤 들어 보았을 '피아제'라는 이름도 유명한 발달 심리학자의 이름이랍니다. '청소년기'라는 말도 발달 심리학에서 온 말이에요. 예전엔 성장은 성인이 되면 끝난다고 생각했기 때문에 아이들의 발달에만 집중해서 연구했어요. 그러나 지금은 전 생애에 걸쳐 지속적인 신체 변화와 정신적 발달이 일어난다는 것을 알게 되었죠. 전체 인구가 줄고 노인 인구가 폭발적으로 늘어나면서 전 생애에 걸친 발달에 관심이 쏠리고 있어요.

지금까지 간단히 살펴본 것만으로도 심리학은 무척 영역이 넓은 학문임을 알겠죠? 그러나 놀라긴 일러요. 지금까지 살펴본 영역들은 심리학의 기초를 이루는 부분이니까요. 그리고 이 영역들을 활용해서 훨씬 광범위한 분야에서 심리학이 발전하고 있답니다.

응용 심리학

응용 심리학은 기초 심리학에서 밝혀낸 인간의 여러 특징을 실제 우리 삶의 문제에 활용하는 데 힘을 기울이는 분야지요. '소비 심리학'이나 여러분이 잘 아는 '상담 심리학'도 응용 심리학 분야랍니다. 응용 심리학 분야는 지금도 계속 생기고 있고, 다양한 다른 학문과도 결합해서 폭넓은 연구를 진행하고 있죠. 워낙 방대해 그 하나하나를 다 살펴보긴 어려워요. 그러니 크게 영역을 나눠 살펴보기로 해요.

임상 및 상담 심리학은 심리학 분야 중 사람들이 가장 잘 아는 영역이에요. 심리학계에서 일하는 전체 사람 중 절반 이상이 이 분야에서 일하고 있어요. 흔히 우울증, 편집증 같은 말을 들어 봤죠? 그런 병명의 분류와 진단 및 치료를 하는 분야가 바로 임상 심리학이랍니다. 임상 심리학자들은 주로 정신 병원, 정신 건강 진료소 등에서 일해요. 사람들이 심리적으로 어떤 문제가 있는지 여러 검사를 통해 진단하고 증상을 없애기 위한 치료를 하기도 하죠. 상담 심리학과 겹치는 부분도 많지만 좀 더 객관적, 진단적이고, 병리 치료 중심인 특징이 있어요.

상담 심리학은 임상 심리학자들과 같이 검사 도구로 사람들의 심리 상태를 진단하고, 여러 상담 기법을 사용해 어려움을 겪는 영역을 회복하도록 돕는 일을 해요. 임상 심리학과 밀접하게 연관되어 있지만 다른 부분이 있다면 임상 심리는 정상과 비정상을 진단해 내고 비정상적인 증상을 고치는 일이 목표인데 반해, 상담 심리는 다양한 삶의 문제를 다루며 심리적 성장을 통해 좀 더 건강하고 행복한 삶을 살도록 하는 데 목표가 있어요. 그래서 덜 진단적이고 상대를 바라보는 인간관도 좀 더 다양하죠. 그러나 증상이 심각한 경우 상담 치료만으로 회복되기 어려운 경우도 많아요. 약물 치료가 함께 이뤄지거나 아예 집중적인 정신과 치료가 필요하기도 해요. 즉, 상담은 살아가면서 다양한 문제를 겪는 사람을 폭넓게 돕는 데 더 초점이 맞춰져 있죠.

산업 심리학은 사회 심리학과 성격 심리학의 원리를 공장이나 기업에서 활용해요. 적성 검사나 지능 검사를 사원 채용에 활용하기도 하고, 사람들이 좀 더 효과적으로 일하도록 시스템을 만들기도 해요. 직업 훈련 프로그램 개발이나 기업 내 갈등 해소 교육 등도 산업 심리학이 담당하죠. 점점 효과를 인정받아 활용 분야도 계속 넓어지고 있어요. 시장 조사, 홍보 등에도 이제 산업 심리학이 많이 활용되죠.

공학 심리학은 인간 공학이라고도 불려요. 인간과 기계 사이의 문제를 다루죠. 인간이 가장 편안하게 사용할 만한 기계를 만드는 일에 많이 쓰여요. 우주 비행선이나 수중 연구 장비를 인간이 편하게 사용하도록 디자인하기도 하고, 새롭게 개발되는 여러 전자 기기를 편리

하게 만드는 일에도 참여해요. 휴대 전화 자판 배열도 이 분야의 성과죠. 인공 지능과 로봇 개발 분야가 발전하면서 앞으로 무궁무진한 영역 확대가 기대되는 분야예요.

학생들의 학교생활과 학습 적응, 여러 정서적 문제를 담당하고 원활한 성장을 돕는 분야로 학교 심리학이 있어요. 학교라는 특수한 환경 속에서 생기는 다양한 문제를 해결하는 것이 목표죠. 우리나라는 학교에 상담사 배치와 상담 활동이 도입된 지 얼마 되지 않았지만, 유럽과 미국에선 이미 학교생활에 큰 영향을 끼치고 있는 분야랍니다.

교육 심리학은 많이 들어 봤죠? 교육 심리학은 학습과 효과적인 교수법에 대한 연구가 전문 분야예요. 즉 '어떻게 학습 동기를 강화하는 수업 프로그램을 만들까?' 등을 연구하죠. 가르침과 배움에 관한 연구이기 때문에 주로 교육학 쪽에서 많이 활용해요.

이 밖에 범죄 상황의 심리를 다루는 범죄 심리학도 있죠. 최근 여러분의 관심을 많이 받은 분야예요. 범죄자의 특성, 환경의 영향을 알아내 범죄 수사와 예방, 범죄자의 갱생을 돕는 분야죠. 그리고 인간이 사는 환경의 영향을 평가하고 더 살기 좋은 환경을 만드는 연구를 하는 환경 심리학은 도시 계획과 건축에도 관계가 깊답니다. 소비자의 심리적 욕구를 파악해서 더 많은 상품을 팔도록 연구하는 소비자 심리학은 가장 눈부시게 발전한 분야 중 하나예요. 이미 우리 일상생활에서 이 분야의 영향력을 받지 않는 일이 불가능할 정도죠.

이렇게 응용 심리학 분야는 지금도 계속 발전하고 있어요. 최근엔

‘인공 지능’ 연구가 활발히 진행되면서 심리학이 첨단 과학 분야에도 적극적으로 참여하고 있죠. 심리학은 무궁무진한 모습으로 사람들의 삶에 더 깊이 다가가고 있답니다. 바로 ‘인간’을 알고자 했기에, 인간이 이루는 모든 영역에도 영향력을 미치게 되었죠.

03

심리학의 역사 이야기

고대 그리스의 소크라테스, 아리스토텔레스, 플라톤 같은 철학자들을 심리학자라고 해도 틀린 말은 아니에요. 그들도 '나는 누구인가?' 알기 원했고, 인간의 마음을 깊이 탐구하기도 했답니다. 소크라테스의 그 유명한 "너 자신을 알라"는 말도 다시 생각해 보면 심리학적 표현 같지 않나요? 이들은 마음의 위치에 대해서도 고민했어요. 아리스토텔레스가 바로 "마음은 심장에 있다"고 주장했답니다. 이렇게 심리학의 태동은 철학에서 시작되었지만 이제 철학이 아닌 과학으로 분류해요. 이런 변화는 어떻게 생기게 된 걸까요? 이 변화가 일어나면서 비로소 심리학의 독립이 이뤄졌답니다.

심리학, 길을 찾다

19세기 중엽까지만 해도 인간의 마음을 연구하는 학문은 철학이었어요. 아리스토텔레스 이래 마음은 오랫동안 '심장 속에 머문 영혼'으로 갇혀 있었죠. 아리스토텔레스는 몸속에 영혼이 있으며 이 영혼이 바로 마음이라고 보았답니다. 이 영혼이 우리의 신체에 생명을 머물게 하고, 영혼이 육신을 지배한다고 했죠. 그래서 육신 속에 있는 영혼의 본질을 파헤침으로써 인간을 이해할 수 있다는 생각을 가졌어요. 이런 생각은 신학에 통합되어 중세에도 강한 영향력을 미치고 있었답니다. 중세의 황혼기에 이르러서야 마음에 대한 연구는 변화를 경험하기 시작했어요. 비로소 영혼이 아닌 인간의 문제가 되었죠.

중세가 끝을 고하면서 신학 아래 머물러 있던 철학은 비로소 독자적인 관점으로 인간을 바라보기 시작했어요. 이때 등장한 중요한 인물이 바로 데카르트입니다. "나는 생각한다. 고로 나는 존재한다"라는 유명한 말을 들어 본 사람도 있죠? 데카르트는 마음과 육체의 관계에 특히 관심이 많았어요. 그래서 마음을 연구했고, 인간의 마음은 몸과 분리되어 육체와 전혀 다른 방식으로 작용한다고 주장하기도 했지요. 즉 몸속에 갇힌 영혼 상태인 마음을 몸 밖으로 해방한 거예요. 이런 주장은 당시로는 획기적이었어요. 인간 마음에 대한 이해를 다양한 방식으로 생각해 볼 수 있게 만들었죠. 아니나 다를까, 데카르트 이후로 스피노자Benedict de Spinoza, 1632~1677, 라이프니츠Gottfried Wilhelm

Leibniz, 1646~1716 같은 사람들이 나타나 인간의 마음과 몸의 관계에 대해 다양한 얘기를 하기 시작했지요. 인간에 관해 다양한 연구가 가능하게 되면서 해부학처럼 인간의 몸에 관한 연구도 발전했어요. '인간은 몸이 느끼는 감각을 어떻게 활용해 세상을 인식할까?', '이 세상은 정말 우리가 보고 느끼는 그 모습일까?', '어떤 조건을 조작해서 다르게 인식하도록 만들 수는 없을까?' 등의 궁금증을 가지기 시작했죠.

이런 배경 속에 시간이 흘러 다윈Charles Robert Darwin, 1809~1882이 출현합니다. 그는 '신의 창조물'이자 '영적 존재'로만 인식되던 인간관에 큰 돌을 던졌죠. 다윈은 『종의 기원』이라는 책을 통해 '진화'라는 개념을 처음 주장했어요. 인간은 환경에 적응하며 원시적 존재에서 더 발전된 존재로 진화되어 온 하나의 '생물체'라는 얘기지요. 다른

동물과 같이 진화 선상에 있는 하나의 '종'에 불과하다는 다윈의 주장은 만물의 영장이던 인간의 위치를 추락시킨 대사건이었어요. 하지만 동시에 더 자유롭게 인간을 해부하고 연구해 볼 장을 열어 준 자유 선언이기도 했지요. 다윈의 진화론이 발표되면서 유전학도 발전하기 시작했고 인간에 대한 생물학적인 연구도 활기를 띠었어요. 식물의 특징을 연구하고 동물의 특징을 연구하듯, 인간을 연구해 보게 된 거죠. 이른바, 생리학*의 발전입니다. 최초로 인간을 과학적으로 실험하는 일들이 시작되죠.

과학이라고 불러 주십시오

심리학이 과학이 될 수 있었던 결정적 이유는 생리학의 도입 때문이에요. 생리학의 검증 방법으로 인간의 생각과 마음의 작용을 검증해 보려 했던 거죠. 이런 시도로 비로소 심리학은 자신의 정체성을 결정하게 됩니다. 철학을 떠나서 실험하고 검증하는 '과학'이 된 것이죠.

이 심리학의 독립을 이뤄 낸 사람은 바로 빌헬름 분트Wilhelm Wundt, 1832~1920입니다. 분트가 심리학을 독립시킬 수 있었던 까닭은 최초의

* 생물의 기능이 나타나는 과정이나 원인을 과학적으로 분석하고 설명하는 생물학의 한 분야입니다.

심리학 실험실을 만들었기 때문이에요. 대학에서 철학과 생리학을 가르치던 분트는 생리학 연구법으로 심리학 연구를 해 보자고 생각했습니다. 그래서 1879년에 자신이 교수로 있던 독일 라이프치히 대학에 심리학 실험실을 만들었어요. 이 해를 '심리학의 시발점'이라고 부르기도 합니다. 심리학의 성인식이라고 말해도 좋을 사건이지요.

'심리학의 아버지'라고 불리는 분트는 왕성한 연구와 교육 활동을 합니다. 분트는 열심히 학생들을 가르치고 제자를 키워 냈어요. 최초의 심리학 박사 과정도 만들어 학위를 주었죠. 그래서 분트의 제자들은 세계 각지로 퍼져 나갔고, 특히 미국에서 활발히 연구를 발전시킵니다. 그래서 미국이 오늘날 세계에서 가장 심리학이 발전한 나라가 됐죠.

분트는 구성주의라는 관점으로 인간을 바라봤어요. '인간의 심리는 어떻게 구성되어 있을까?'를 이해하면 인간의 내면을 이해할 수 있다고 생각했죠. 당시 화학과 물리학이 발전하면서 물질을 쪼개고 쪼개어 원자와 원소를 발견했거든요. 그리고 과학자들은 이것의 결합 구조 등을 연구했어요. 이처럼 분트는 인간의 마음도 그 구성 요소를 쪼개서 하나하나 분석하면 체계적인 마음의 구조를 알 수 있다고 생각했죠. 라디오를 분해해 보는 것과 비슷하게 말이에요. 그래서 인간이 의식하는 모든 것, 구체적인 감정, 생각, 느낌 등을 하나하나 분해해 보는 연구를 했답니다. 굉장하죠? 하지만 보이지 않는 마음을 연구하는 일은 간단하지 않답니다. 사람의 마음을 아는 일은 오늘날까지도 진행 중인걸요.

미국에서 구성주의를 비판한 기능주의가 나타납니다. 제임스William James, 1842~1910라는 사람이 "심리학 연구가 사람들에게 도움이 되어야지!"라고 비판한 것이죠. 그래서 제임스는 '의식이 어떻게 구성되어 있나'보다, '의식이 어떤 기능을 하는가'를 밝혀야 한다고 주장했어요. 제임스는 다윈 이론에 영향을 많이 받았는데 그래서 '인간 의식이 어떻게 환경에 적응할까? 살아남기 위해서 어떤 방식으로 기능하는 걸까?'를 궁금해했답니다. 좀 어렵다고요? 간단히 말하면 '마음이 어떻게 구성되었는가'보다 '마음을 사용하는 법'을 알려 주고자 한 것이죠. 그게 더 도움이 되고 실용적인 연구라고 생각했으니까요.

심리학 역사를 이만큼 얘기했는데 프로이트Sigmund Freud, 1856~1939가 나오지 않다니! 프로이트가 심리학을 만들었다고 생각한 사람도 많죠? 그건 아니랍니다. 하지만 프로이트가 대단한 일을 한 건 사실이에요. 바로 '무의식'의 개념을 만들었으니까요. 분트도 제임스도 프로이트가 나오기 전까지는 '무의식'이 아닌 '의식'만을 연구했어요. 사실 무의식이라는 세계 자체를 잘 알지 못했죠.

프로이트는 원래 정신과 의사였어요. 자신이 만나는 환자를 치료하기 위해 초기에는 최면을 많이 사용했답니다. 그러나 최면법이 모든 사람에게 효과가 있는 것도 아니고, 치료에 확실히 도움이 되는지 의구심이 생긴 그는 새로운 방법을 찾게 됩니다. 그런 과정을 통해 나온 것이 바로 유명한 프로이트의 '정신 분석'이죠.

과학적 연구법과 실험을 중요시하던 당시 심리학의 흐름에서 프로이트의 정신 분석 이론은 좀 독특했어요. 왜냐하면, 실험과 연구를 통해 나온 것이 아닌 프로이트의 많은 치료 경험을 통해 나온 이론이었으니까요. 지금은 '임상 사례 연구'라고 해서 이런 연구법도 많이 쓰이지만, 당시에는 생소한 방법이었거든요. 프로이트는 인간이 의식하지 못하는 깊은 내면세계가 있다는 것을 발견하고 그것을 무의식이라고 주장했어요. 그리고 인간이 정신 질환을 겪는 이유는 이 무의식에 원인이 있다고 했죠. 인간은 의식보다 훨씬 크고 강력한 무의식에 지배받아 행동하고, 태어나서부터 약 5세 정도까지의 초기 경험이 인간의 행동을 결정한다고 주장했어요. 이런 주장은 당시에 큰 충격이었답니다. 과학과 이성을 찬미하던 그 시대에 인간이 이성으로 행동을 결정하지 못한다니! 그리고 5세에 모든 게 결정된다니! 이런 주장은 비판도 많이 받았지만 결국 무의식의 존재는 점점 인정받기에 이르렀어요.

재미있는 이야기를 하나 할까요? 당시 프로이트는 사람들의 무의식에 있는 가장 근본적인 본능은 성적 본능(리비도)이라고 주장했어요. 왜 그는 이런 주장을 했을까요? 당시 사회는 무척 금욕적인 시대였답니다. 여성들은 정숙해 보이도록 목까지 올라오는 긴 드레스를 입었어요. 남성들과의 신체 접촉은 극도로 조심해야 했죠. 아기를 키울 때도 부모가 많이 안아 주면 좋지 않다고 말하는 시대였답니다. 심지어 식탁이나 작은 가구들도 속이 드러나면 안 된다고 레이스 같은 천으로 다 덮었다는 얘기도 있죠. 이런 시대였으니 사람들의 억압된 성적 욕구는 내면에 많은 갈등을 불러일으켰겠죠. 그러니 그도 환자를 치료하면서 성적 충동을 억압해 질병이 생긴 환자들을 많이 보게 되지 않았을까요?

프로이트의 정신 분석은 인간의 내면을 이해하는 데 큰 공헌을 했어요. 특히 개인의 심리 문제에 깊은 관심을 두어서 임상과 상담 심리학이 발전하는 데 큰 영향을 미쳤답니다.

그러나 프로이트의 이런 무의식 이론을 "과학적이지 못하다!"고 강력하게 비판하며 나선 사람이 있었어요. 바로 왓슨John Broadus Watson, 1878~1958이랍니다. 심리학은 당연히 과학적인 방법으로 연구되어야 하는데, 무의식이니 정신이니 하는 개념은 측정할 수도 정의할 수도 없다는 거죠. 그러면서 그는 "심리학은 과학이기에 오직 관찰과 측정이 가능한 행동만을 다루어야 한다"고 말했어요. 이래서 행동주의가 나타났답니다. 행동주의에는 '학습'이 중요해요. 예를 들어, 11개월 된 아기에게 흰 생쥐를 보여 줄 때마다 아기가 깜짝 놀랄 만큼 큰 소리를 같이 들려주는 일을 반복했어요. 그러자 처음엔 쥐를 무서워하지 않던 아기가 나중엔 쥐만 보고도 울게 됐어요. 왓슨이 했던 유명한 앨버트 실험이랍니다. 큰 소리라는 무서운 자극 때문에 나중엔 흰 쥐만 보고도 큰 소리가 날 거라는 공포감이 학습된 거죠. 왓슨은 인간의 감정까지도 학습으로 형성되고 없앨 수도 있다고 생각했어요. 곧이어 스키너Burrhus Frederic Skinner, 1904~1990가 나타나 '보상'과 '처벌'

로 행동을 더 자주 하도록 만들거나(강화), 없앨 수 있다(소거)는 '강화 이론'을 추가하면서 행동주의는 위치를 확고히 다졌죠. 행동주의는 동물 실험과 과학적 연구로 강력한 영향력을 발휘하며 미국 심리학계를 장악했답니다.

심리학의 탄생이 독일이었음을 기억하나요? 분트가 독일에서 처음 연구를 시작했으니까요. 미국에서 행동주의가 활발히 일어날 동안 독일에서도 새로운 흐름이 생겼답니다. 바로 형태주의였죠. 베르트

하이머Max Wertheimer, 1880~1943는 분트의 구성주의를 비판하면서 "전체는 부분의 총합 이상이다"라고 주장했어요. 그리고 그 근거로 '가현 운동'을 제시했죠. 혹시 지루한 날 교과서 귀퉁이에 간단한 만화 같은 걸 그려서 빨리 넘기기 놀이를 해 본 적 있나요? 조금씩 동작이 변하는 과정을 한 페이지씩 그려서 빨리 넘기면 움직이는 것처럼 보이죠. 우리가 보는 영화도 똑같이 정지한 사진 여러 장을 빨리 넘겨 보는 방식이랍니다. 이처럼 실은 멈춰 있는 각각의 합인데 움직이는 듯 인식되는 현상을 '가현 운동'이라고 해요. 즉, 원래 정지된 그림 한 장 한 장을 아무리 조사해 봐야, 인간이 전체적으로 움직인다고 인식하는 원리는 발견하지 못한다는 말이죠. 인간은 이렇게 각각 분리된 의미를 통합해서 하나의 흐름으로 본다는 사실을 밝혀낸 거예요. 놀라운 발견이죠? 그런데 독일에서 일어난 이 새로운 흐름이 독일의 심리학을 발전시키지 못했어요. 도리어 형태주의 학자들은 미국에서 활동했답니다. 왜냐고요? 세계 2차 대전이 일어나고 나치 정권이 독일을 장악하면서 형태주의 심리학자들을 추방했거든요.

정신 분석 이론과 행동주의는 당대에 가장 영향력 있는 이론으로 우뚝 섰지만, 동시에 많은 비판을 받기도 했어요. 두 이론은 서로 상극인 듯하지만 비슷한 면이 있거든요. 바로 인간이 어떤 결정과 행동을 하는 원인이 이성적 판단과 주체적 의지가 아니라는 주장이죠. 정신 분석은 원초적인 성 욕구가 인간을 지배한다고 보았고, 행동주의는 어릴 때부터 외부 환경 때문에 학습된 반응이 행동을 결정한다고 했으니까요. 즉, 인간은 고상한 지성과 자유 의지를 갖추고 삶을 원하는 대로 살아가는 존재가 아니라, 어떤 영향력 아래 끌려가는 존재라고 본 거죠.

심리학, 현대로의 문을 열다

이런 주장을 "인간의 독특함과 고귀함을 제대로 알지도 못하면서!"라고 강하게 비판하며 나온 흐름이 바로 인본주의예요. 로저스Carl Rogers, 1902~1987와 매슬로Abraham Harold Maslow, 1908~1970가 대표적인 심리학자들이죠. 인본주의는 인간의 자유 의지와 성장 잠재력을 중요하게 생각한답니다. 그래서 "인간은 동물과 근본적으로 다르다. 그러니 단순한 동물 실험 결과로 인간을 다 안다고 말하지 못한다. 그리고 인간은 본능적 성 욕구의 희생자가 아닌 성장하려는 열망을 가진 주체적 존재다"라고 설명했어요. 매슬로는 인간을 기초적인 열망이 채워지면 더 나은 열망을 추구하는, 점점 성숙해 가는 존재로 바라보았죠. 그래서 인간의 성숙 단계를 표현한 '욕구 단계 이론'을 내놓기도 했답니다. 로저스는 인간을 성장하려는 본성을 가진 무한한 잠재력이 있는 존재라는 관점으로 바라보았어요. 요약하면 인본주의는 현재보다 더 나아질 '미래'를 항상 지닌 존재로 인간을 이해해요. 이전까지의 관점보다 좀 더 시선이 따뜻하죠?

인본주의자들은 정신과 의사들이 사용하던 정신 질환 진단명도 사용하지 않았어요. 대신 "지금, 여기"에서 좌절되거나 방해받는 욕구를 발견하고 극복하도록 돕고자 했죠. 심리 상담의 대가이기도 했던 로저스는 내담자(상담을 받으러 온 사람)가 스스로 성장하도록 기다려 주고 격려하는 '공감적 상담'을 만든 사람이에요. 당시까지 심리 치료는 치료자가 무척 권위적이고 문제 해결을 위해 일방적 지시를 내리는 방식이었어요. 내담자는 무조건 따라야 했죠. 그런 문화 속에서 로지스는 철저히 비지시적인 상담을 주장했어요. 그의 나이가 지긋할 무렵엔 아무 말 없이 이야기를 들으며 고개를 끄덕이기만 해도 내담자가 눈물을 흘리며 깊은 위로를 받았다고 해요. 온몸으로 수용과 공감을 전하는, 정말 '대가'였죠.

인본주의는 오늘날 심리 상담 발전에 결정적 역할을 했어요. 인본주의 심리학을 바탕으로 무수히 많은 상담 이론이 성장했고, 인간관에도 많은 영향을 미쳤지요. 현대 상담 심리 이론 중에 인본주의의 영향을 받지 않은 것을 찾아보기 힘들 정도죠.

과학적 연구 방법이 지속해서 발전하면서 사람의 인지 과정을 연구하는 심리학도 꾸준히 성장했어요. '인지 과정'은 사고, 의식적 경험, 기억, 언어, 추론, 문제 해결 능력 등을 통틀어 이야기하는 정신적 활동을 말해요. 아기들이 어떻게 인지가 발달해 가는지, 인간의 기억은 어떤 방식으로 이뤄지는지 등을 연구한 참신한 결과들이 속속 밝혀지면서 인지 심리학은 폭발적으로 관심받기 시작했죠. 그리고 인간의 몸과 행동의 관계를 밝히려는 연구도 꾸준히 이뤄졌답니다. 인간의 뇌를 전기 자극하면 유쾌함이나 불쾌함 같은 감정이 느껴진다는 발견이나, 좌뇌와 우뇌가 서로 다른 역할을 한다는 발견 등으로 뇌 연구도 빠르게 발전했어요. 바로 인간의 감정과 심리 작용을 생물학적인 관점으로 연구하는 생리 심리학의 영역이죠.

이런 심리학의 흐름에는 인간을 더 완전한 존재로 만들고자 하는 열망이 있었어요. 그래서 지난 세기까지 심리학은 인간의 불완전한 부분과 약점을 찾아내어 보완하고 치료하면 더 행복하리라 믿었지요. 그러나 100년 동안에 걸친 노력 끝에 학자들은 그렇지 않다는 것을 발견했어요. 그리고 인간은 약점이 있음에도 자신의 강점으로 살아가고, 그 강점을 발전시켜 약점까지도 같이 개선한다는 것을 여러 연구 결과를 통해 발견했죠. 21세기에 들어서면서 심리학은 다시 큰 변화를 경험합니다. 바로 긍정 심리학의 탄생이죠. 일부 자기 계발서나, '긍정적인 믿음을 가지면 모든 일이 잘된다'는 식의 긍정 만능주의 콘텐츠들이 '긍정 심리학'이라는 단어를 남용하곤 해요. 하지만 이런 것은 진짜 심리학을 흉내 낸 가짜에 불과해요. 치열한 연구나 검증도 없이, 적당히 그럴듯한 말로 사람들을 설득해 돈을 벌고 치우친 믿음을 심어 주니까요. 이런 것을 '진짜'라고 믿으며 따르고자 애쓰다 도리어 심리적 질병을 얻는 안타까운 사례도 많아요. 진정한 긍정 심리학은 연구와 검증을 토대로 한 과학 분야입니다. 마틴 셀리그먼 교수가 긍정 심리학의 대표자죠. 긍정 심리학으로의 대전환은 심리학의 인간관을 획기적으로 바꾸었고, 모든 연구의 접근 방향을 새롭게 했어요. 부정적인 감정과 증상을 없애는 일이 아니라 인간을 행복하게 하고, 건강한 정서를 키우는 요소가 무엇인지에 집중하기 시작했죠. 그 결과 셀리그먼은 '몰입'의 창조력과 회복력, 작고 꾸준한 즐거움이 심리적 건강에 미치는 힘, 이타적 행동이 가져다주는 만족과 행복 등 이전에 주목받지 못했던 인간의 뛰어난 생명력을 발견했어요. 그래서 이제 현대 심리학은 인간의 신체, 정신적 잠재력과 보호 기제들을 놀라운 속도로 발견해 내고 있답니다. 행복, 회복 탄력성, 스트레스 저항력 등 불완전한 인간이 어떻게 놀랍도록 자신을 보호하고 발전하며 생존하는가를 연구하고 있죠.

이렇게 심리학은 다양한 다른 분야의 기술을 받아들이고, 전통적 이론의 관점을 계승하기도 하면서 지금은 엄청나게 폭넓은 학문이 되었답니다. 그렇지만 심리학은 여전히 철학과 가까워요. 철학이 꼭 필요한 영역도 있지요. 예를 들어, 상담 심리학의 경우 치료 이론이 무척 다양해요. 그리고 이론마다 인간을 어떻게 바라볼 것인가를 정하는 '인간관'이 가장 중요하지요. 그런데 이 인간관은 철학적 바탕 위에 세워진답니다. 인간을 어떻게 바라볼 것인가의 문제에선 철학적 사유를 하지 않을 수 없어요. 동시에 심리학의 발전 과정에서 하는 '과학적 시도'들이 윤리적으로 올바른지도 철학적 고민에 속하죠.

04

실험으로 보는 심리학

심리학의 역사를 살펴보니 어떤가요? 조금 어려웠다면, 이젠 재미있는 얘기를 해 줄게요. 바로 심리학의 발전에 결정적 영향을 미쳤던 실험 이야기입니다. 이 실험들은 심리학의 역사를 바꾸고, 인간에 대한 놀라운 통찰과 인식 전환을 제공했어요.

행동은 조종할 수 있는가?

심리학 실험의 시발점이 된 실험이 하나 있습니다. 바로 유명한 파블로프의 개 실험(1902)이에요. 들어 본 사람이 많죠? 원래 이 실험은 심리학이 아닌 생리학 실험이었답니다. 이반 파블로프Ivan Petrovich Pavlov, 1849~1946라는 생리학자가 어느 날 자신이 실험하고 있던 개를 보고 착안했죠. 사육사가 먹이를 주러 가는 발소리만 듣고도 개가 침을 흘리는 걸 발견했거든요.

'어떻게 발소리만 듣고도 음식이 눈앞에 있는 듯 침을 흘리게 되었을까?'라고 궁금해한 그는 '발소리'라는 자극이 '먹이를 주는 일'과 합해졌음을 생각해 냈어요. 원래 개는 먹이를 주면 침을 흘려요. 우리도 음식을 보면 무의식적으로 입에 침이 고이죠. 이건 자연스러운 반응이랍니다. 그러나 종소리를 듣고 침을 흘리는 개는 없죠. 파블로프는 종소리와 음식이라는 이 두 자극을 결합해 보기로 합니다. 그래서 그는 개에게 음식을 줄 때마다 종소리를 같이 들려주었어요. 이 일을 계속 반복하자 개는 나중에 종소리만 듣고도 침을 흘리게 됩니다. '종소리가 나면 먹이가 나온다'는 학습이 된 거죠. 이것이 유명한 파블로프의 개 실험이랍니다.

이 실험이 심리학에 미친 영향력은 컸어요. '학습'이 어떤 식으로 이뤄지는지 과학적으로 밝힌 최초의 실험이었으니까요. 이 실험으로 중립적인 자극(종소리)과 무조건적 반응(침 흘리기)을 결합해 새로운 행동(종소리만 듣고 침을 흘리는)을 만들 수 있다는 사실이 알려졌어요. 이것을 파블로프는 '조건화'라고 말했죠. 그는 오랫동안 종소리만 들려주고 먹이를 주지 않으면 다시 침을 흘리지 않게 되는 '소거'나, 파란 불빛과 같이 종소리를 들려주면 나중엔 불빛에도 침을 흘리게 되는 '이차적 조건화' 등 새로운 발견을 이어 갔어요. 그리고 많은 심리학자는 '이런 조건화를 통해 사람의 행동도 수정할 수 있지 않을까?' 라고 생각하게 됐죠.

이 실험은 한때 미국 심리학을 장악했던 행동주의를 탄생시키는 계기가 돼요. 동시에 심리적 문제를 과학적인 방법으로 증명하는 연구가 큰 붐을 이뤘죠. 동물을 사용한 여러 실험이 행동주의를 중심으로 활발하게 이뤄졌답니다. 하지만 파블로프의 실험에서 개가 흘리는 타액 양을 측정하려고 턱뼈에 구멍을 뚫었다는 걸 아나요? 이런 부분 때문에 나중에 윤리적 비판을 받기도 했어요.

파블로프의 실험에는 잘 알려지지 않은 결과가 하나 더 있답니다. 일관성의 중요함을 알려 준 실험이죠. '조건화'가 된 개에게 종소리를 들려주면서 먹이를 줄 때, 어떤 때는 먹이를 줬다가 어떤 때는 빈 접

시만 주는 등 무질서하게 해 보았다고 해요. 그러자 개는 상황에 적응하지 못하고 혼란에 빠졌어요. 시간이 지나면서 점점 배설물을 흘리는 등 정신 이상 증상을 보이기에 이르렀죠. 새로운 행동을 학습할 때 혼란이 얼마나 큰 영향력을 미치는지 알게 된 심리학자들은 어린아이 양육에 있어 일관성을 강조해요. 부모가 한결같은 양육 태도를 보여야 아이가 안정감을 느끼고 새로운 것을 잘 배우며, 건강한 정서를 형성한다는 거죠. 이 세상이 일정한 질서와 조화 속에서 예측할 만하게 움직인다고 느낄 때 비로소 모든 생명체는 안정감과 활력을 찾게 됩니다. 규칙적인 생활 방식이 행복에 큰 도움이 된다는 연구 결과도 있죠. '질서'는 이만큼 중요하답니다. 신기하죠?

사랑을 연구하다

정신 분석과 행동주의 심리학이 위세를 떨치던 무렵, 사랑에 대한 이해는 무척 냉정했어요. 아기가 엄마에게 애착을 보이는 이유는 젖이 필요해서이고, 배고픔과 갈증을 해결하려고 엄마에게 매달린다고 주장했죠. 연인에게 애착을 느끼는 이유도 성욕을 해결하기 위해서라고 했어요. 행동주의자들은 아기가 울지 않게 하려면 안아 주지 말아야 한다고 말했어요. '울면 안아 주네?'라고 아기가 학습해서, 안기려고 다음엔 더 많이 울게 된다는 거죠. 왓슨은 "아이의 욕구를 지나치게 충족시켜 주어서는 안 됩니다. 밤에 잘 자라는 키스도 해 주지 마십시오. 대신 아이의 방에 불을 끄기 전에 간단한 인사와 함께 손을 흔들어 주십시오"라고 말했어요. 아이의 행동을 부모가 원하는 대로 만들기 위해서 말이죠. 그래서 이 시대에는 충분히 우유를 먹고 있는 고아원 아기들이 알 수 없는 이유로 죽어 갔어요. 사람들은 그 이유를 몰라 당황해했죠.

이런 시대 속에 해리 할로Harry Harlow, 1905~1981가 애착 실험(1957~1963)을 합니다. '애착'이란 인간을 비롯한 모든 동물이 다른 존재를 가까이하고 이 상태를 유지하려는 행동을 말해요. 떨어질 수 없을 정도로 사랑하고 아낀다는 의미지요. 할로는 인간과 많은 부분이 비슷한 붉은털원숭이로 새끼와 어미의 애착을 연구했어요. 이 실험은 유명하죠. 새끼 원숭이를 어미와 분리해 가짜 어미가 있는 우리에 넣습니다. 어미 모형은 두 개였는데 하나는 우유가 나오는 철사로 만들어진 어미였고, 다른 하나는 마분지 위에 부드러운 천을 감싼 어미였어요. 천으로 만들어진 어미는 우유가 안 나왔어요. 이 두 모형을 놓고 할로는 새끼 원숭이가 어떻게 행동하는지 관찰했습니다.

정신 분석적 주장이 옳다면 아기는 우유를 먹기 위해 철사 어미에게 애착을 보여야 하는데, 결과는 전혀 달랐어요. 새끼 원숭이가 천 어미에게 달라붙어 떨어지지 않고 애착을 보인 것이죠. 온종일 천 어미에게 달라붙어 있다 배가 고프면 아주 잠시만 철사 어미에게 건너가 우유를 먹고는 금방 돌아오곤 했어요. 좀 더 성장하자 아예 상체만 철사 어미 쪽으로 뻗어 우유를 먹었죠. 어미를 각각 분리해 천 어미가 있는 우리와 철사 어미가 있는 우리를 따로 만들었더니, 철사 어미 쪽 새끼 원숭이는 힘을 잃고 바닥에만 웅크리고 있었어요. 새끼 원숭이에겐 먹이보다 피부에 닿는 포근하고 부드러운 감촉이 더 중요했던 거죠.

이런 결과가 발표되자 당시 사회는 크게 놀랐어요. 생명의 성장에 접촉이 그만큼 중요하다는 것을 처음으로 알게 되었죠. 아기 양육에 대한 관점이 크게 달라졌고, 피부 접촉의 중요성이 주목받기 시작했어요. 할로는 "인간이 우유만으로 살지 못함은 당연하다"고 주장했습니다. 실제로 천 어미와 있는 새끼 원숭이들은 비교적 건강하게 자랐지만, 철사 어미 쪽 원숭이들은 아프거나 이상 증상을 보였죠.

새끼 원숭이들의 천 어미에 대한 사랑은 정말 강했어요. 온종일 애정 표현을 하고 달라붙어 있었어요. 심지어 천 어미에 전극을 연결해 전기 충격을 주거나, 어미 속에 눈을 채워 무척 차갑게 만들거나, 어미에게 다가가면 강풍기를 틀어 새끼 원숭이가 우리 벽으로 나가떨어지게 하여도, 새끼 원숭이들은 다시 어미에게 다가갔어요. 애착의 강력한 힘을 보여 주는 결과죠. 나쁜 양육을 하는 어미에게도 여전히 사랑을 포기하지 않는 새끼 원숭이들의 모습은 보는 사람의 마음을 찡하게 했답니다. 부모를 향한 아기의 원초적 사랑이 얼마나 무조건적인지 심리학자들은 이해하기 시작했죠.

이 실험으로 성장해 어른이 된 원숭이들을 무리에 다시 합류시켜

보았어요. 그러나 이 원숭이들은 적응하지 못했습니다. 짝짓기도 하지 못했고, 자해하거나 정신 이상을 보였죠. 가짜 어미로는 정상적인 성장을 할 수 없었던 거예요. 할로가 억지로 교배를 시켜 이 원숭이들이 새끼를 낳도록 해 보았지만, 안타깝게도 어미 대부분이 새끼를 죽이거나 돌보지 않았어요. 이런 결과에 그는 '정상적인 성장에는 포근한 피부 접촉 외에도 뭐가 더 필요할까?'를 고민했습니다. 그래서 그다음엔 천 어미를 움직이게 해 보았어요. 새끼 원숭이가 매달려 있으면 천 어미는 몸을 흔들어 주었죠. 어린 아기를 엄마가 안고 몸을 흔들어 주듯 말이에요. 그러자 원숭이들은 훨씬 양호하게 성장했습니다. 마지막 시도는 움직이는 천 어미와 살게 하면서 하루 30분 동안 살아 있는 원숭이와 놀게 해 주는 일이었죠. 그러자 원숭이들은 완전히 정상으로 성장했어요. 이 실험 결과 정상적인 애착에 필요한 요소 세 가지가 밝혀졌어요. 피부 접촉과 움직임과 놀이, 모든 영장류는 이 세 가지가 충족되면 안정적인 애착을 형성하고 건강하게 자란다고 해요.

할로의 애착 연구는 그 시대의 많은 것을 바꿔놓았어요. 이전까지 아기를 안아 주지 말라던 소아과 의사들은 자녀 양육에 애착을 강조하기 시작했고, 고아원에서도 자원 봉사자들이 자주 아기를 안아 주도록 했어요.

할로가 처음 연구했을 때만 해도 이렇게 강력한 힘을 발휘하는 애착은 엄마와 아기 사이에서 형성되는 거라고만 생각했어요. 아기 때

형성된 애착이 평생 관계하는 방식을 결정한다고 생각했죠. 하지만 그를 뒤이어 인간의 '애착', 즉 사랑을 연구해 온 심리학자들은 이제 성인에게도 애착이 형성된다고 말해요. 바로 연인, 배우자와의 애착을 발견한 거죠. 이 '성인 애착'은 어릴 때 형성된 애착을 바꿀 만큼 강력한 힘이 있다고 해요. 결국, 인간은 평생 누군가와 애착을 형성하고, 가까이 함께하며 사랑을 주고받길 원하는 존재임을 심리학은 말해 주죠.

인간은 선하다고 믿나요?

세계 2차 대전이 끝난 후, 인류는 큰 혼란에 빠졌어요. 그전까지 과학은 눈부신 발전을 이루었고, 인간의 이성과 도덕성에 대한 믿음은 아주 확고했거든요. 그러나 2차 대전이 터지면서 나치 정부의 잔인함과 전쟁의 잔혹함 속에서 인간의 놀라운 파괴 본능을 보게 된 거죠. 그래서 당연히 선하다고 믿었던 인간이 어떻게 이런 행동을 할 수 있었는지, 심리학자들은 연구하기 시작했어요.

이런 시대 속에서 '상황이 인간을 잔혹하게 만드는 게 아닐까?' 라고 궁금해한 사람이 있어요. 바로 스텐리 밀그램Stanley Milgram, 1933~1984이었죠. 그는 1961년 권위에 대한 복종 실험을 합니다. 실험의 내용은 이래요. 밀그램은 먼저 배우를 데려오고 가짜 전기 충격기를 준비했어요. 그리고 참가자를 모집해 그 사람들에게 이것은 학습에 대한 실험이라고 거짓말을 합니다. 교사와 학생 역할로 각각 나눠서 단어 맞추기 놀이를 하는 실험이라고 했죠. 단지 학생 역할의 사람이 못 맞추면 가벼운 전기 충격을 받게 된다고 말합니다. 물론, 여기서 학생 역할은 미리 준비한 연기자가 맡았죠. 교사 역할을 맡게 된 참가자는 아무것도 모른 체 단어 읽어 주기를 시작합니다. 그럼 몇 번째 문제에선가 연기자는 틀리기 시작하고, 옆에 선 시험관은 참가자에게 전기 충격기 버튼을 누르라고 합니다. 처음엔 아주 낮은 볼트 버튼을 누르지만 틀릴수록 그 강도는 점점 올라갑니다. 그리고 밀그램은 사람들이 어느 정도까지 상대방에게 전기 충격을 줄지 관찰했죠.

그는 이 실험을 하기 전에 먼저 설문 조사를 했어요. 사람들이 이 같은 상황에서 얼마까지 전기 충격을 줄 거로 생각하는지 물었죠. 사람들은 한결같이 결코 충격을 가하지 않을 거라고 대답했어요. 또 상대방이 비명을 지를 경우, 충격을 주는 사람도 150볼트 이상 주지 않으리라고 대답했죠. 모두가 인간의 선함을 확실히 믿었던 거예요. 밀그램 역시 그랬죠.

실험이 시작되자 결과는 놀라웠어요. 사람들은 시험관의 명령에 따라 충격 버튼을 눌렀어요. 연기자의 무서울 만큼 실제 같은 비명을 듣고, 심지어는 기절한 모습을 보고서도 치명적인 충격을 준 사람들은 65퍼센트에 달했어요. 믿어지지 않나요?

또 다른 실험을 하나 이야기해 줄게요. 이 실험은 스탠퍼드 감옥 실험(1971)이라고 불려요. 필립 짐바르도Philip G. Zimbardo, 1933~ 교수가 스탠퍼드 대학교에서 실시한 모의 감옥 실험이었죠. 그는 먼저 실험 참가자를 모집했어요. 심리적으로 건강하고 약물 남용이나 범죄 전과가 없는 사람들을 뽑았죠. 중산층 가정 출신의 좋은 교육을 받은 대학생들이었어요. 그리고 이들에게 2주간 모의 감옥에서 생활하게 될 거라고 얘기했습니다. 무작위 추첨으로 9명을 죄수 역할, 9명을 교도관 역할로 세웠어요. 짐바르도 자신이 교도소장이 되어 대학 지하에 꾸민 감옥에서 실험은 시작되었어요. 환경에 인간의 행동이 얼마나 영향을 받는지 알고자 했죠.

이 실험은 원래 2주간 진행될 예정이었지만 한 주가 못 되어 중단되고 말았어요. 그 이유는 참가자들이 무서울 만큼 역할에 몰입했기 때문이죠. 2일이 지나지 않아 교도관들은 죄수들에게 가혹 행위를 하기 시작했고, 그 강도는 점점 심해졌어요. 죄수 역할을 하는 학생들은 놀라울 정도로 진짜 죄수처럼 행동했어요. 폭동을 일으키고 그것을 저지당하자 급속히 무력해져 교도관들의 가혹 행위에 순응했어요. 연기일 뿐인데도 극심한 스트레스 반응으로 중도 탈락한 사람도 나왔어요. 4일 만에 죄수들은 돈을 내고서라도 가석방을 받겠다고 했고, 그것을 거절당한 후에도 실험에서 이탈하지 않고 남아 있었습니다. 정말 죄수가 된 것처럼 말이죠. 급기야 교도관 역할을 하는 학생들의 가혹 행위가 도를 넘어서자 실험은 종료되었어요. 단 6일 만에 일어난 일이죠.

앞의 두 실험은 우리 마음을 무겁게 해요. 두 실험 다 지극히 평범하고 선량한 사람들이 한 일입니다. 밀그램의 실험에서 "가족을 사랑하고 성실히 일하며, 정원 가꾸기를 좋아하는" 남자가 가장 치명적인 수준의 충격까지 주었어요. 인간은 선을 추구하는 주체적인 존재라는 사람들의 믿음은 이 두 실험에서 무너져 버렸죠. 밀그램 자신도 이런 결과가 나올 줄은 예상하지 못했어요. 그는 이 실험 결과 때문에 인간에 대해 크게 실망했다고 해요. 좀 더 반항하기 쉽도록 실험 조건을 바꾸기도 했죠. 그래도 결과는 침통했어요. 여전히 30퍼센트의 사람들은 가혹한 충격을 가했으니까요. 짐바르도 교수의 실험도 30년 뒤 이라크의 포로 학대 사건에서 놀라울 만큼 비슷한 광경이 벌어져 다시 주목을 받았죠. 이런 결과를 바탕으로 사회 심리학자들은 우리가 어떤 사람인가보다 언제, 누구와 어느 장소에 있는지가 훨씬 중요하다고 말해요.

사람은 환경 앞에 무력한 걸까요? 나도 그 상황에 들어간다면 똑같이 행동하게 되는 걸까요? 네, 그럴지도 몰라요. 밀그램의 실험이 끝난 지 40년이 지났지만 지금도 사람들은 자신만은 그렇게 하지 않으리라 생각해요. 하지만 여러분과 저는 심리학이 보여 주는 우리의 어두운 모습도 진지하게 생각해 보았으면 해요. 나에게도 있을지 모를 부조리한 순응성을 어떻게 극복해야 할지 말이죠. 기업이 대규모 탈세를 저지르거나 대부분 교실에서 왕따가 벌어지는 상황에도, 각 선량한 개인은 환경에 순응하고 있는 거예요.

하지만 밀그램의 실험에서 35퍼센트의 사람은 가혹한 충격을 주길 거부했어요. 그들은 어떻게 그럴 수 있었을까요? 그리고 또 주목할 사람들이 있어요. 밀그램의 실험에서 높은 전기 충격을 주었지만, 그 후 변화를 겪은 이들이죠. 자신의 모습에 큰 충격을 받고 삶이 달라진 거예요. 그들은 자신이 얼마나 쉽게 환경에 순응하는지 보았고, 자신의 그런 태도에 직면해서 싸우기 시작했죠. 옳다고 생각하는 일을 할 힘을 기르고, 다른 사람의 기대에 저항하는 법을 배웠어요. 선하다고 생각하는 일을 실천하는 강한 마음을 갖고 살아가기 시작했죠. 역설적이지만, 이런 모습이 바로 인간의 선한 잠재력을 보여 주는지도 몰라요. 인본주의 심리학자들이 믿었고 밀그램이 찾고자 했던, 바로 그 내적인 힘 말이죠.

심리학은 인간의 여러 모습을 있는 그대로 발견하고 비춰요. 그 안의 모습은 놀랍고 기쁠 수도, 때로 마주 보기 싫을 수도 있어요. 막연히 '난 좋은 사람이야'라고 생각하며 살아가기보단, 심리학이 보여 주는 인간의 여러 특성을 이해했으면 좋겠어요. 그리고 난 어떻게 살아가고 싶은지 한번 진지하게 고민해 보아요.

궁금해요!

① 심리학을 배우면 다른 사람의 마음을 읽을 수 있나요?

심리학은 '마음을 공부하는 학문'이라고 했잖아요? 그렇다면 심리학을 공부하면 영화에 나오듯 상대방의 마음을 읽어 내거나, 내가 원하는 대로 상대가 행동하도록 할 수 있을까요? 제 직업이 심리 상담사임을 밝히면 가끔 꺼리는 사람이 있어요. "내 마음을 다 읽을 듯해서 불안하다"고 말이죠. 다른 사람의 마음을 읽는 능력은 매우 큰 힘이 되지만, 반대로 누군가에게 마음을 들키면 불리해진다고 사람들은 생각하는 듯해요. 그래서 내 마음은 들키지 않고서 상대의 마음을 알기 원하죠. 그러나 심리학을 공부해도 다른 사람의 마음을 읽을 수는 없어요. 단지, 남들은 별로 관심을 가지지 않는 상대의 여러 모습에 더 주의를 기울이게 되죠. 두 손을 앞으로 모아 꼭 잡은 모습이나 다소 긴장되게 굳어진 표정 등, 상대방의 행동이나 작은 태도 변화에 관심을 두게 될 뿐이에요. 왜냐하면 '인간'에게 관심이 있는 심리학을 배움으로써 인간에게 주의를 기울이는 법을 알게 되니까요.

아마도 내 마음은 보여 주지 않으면서 상대의 마음을 알고 싶은 이유는, 나를 드러냈을 때 거절당할지도 모른다는 두려움 때문일 거예요. 마음을 열고 자신을 보여 주며 다가가는 모험을 감수하지 않겠다는 말이지요. 하지만 심리학은 인간관계에서 일방적으로 힘을 갖는 법을 가르치는 학문이 아니에요. 그보다는 상대를 더 잘 이해하게 해 주고 서로 소통하도록 관계의 실력을 키워 주는 학문이죠. 그래서 심리학은 인간을 조종하려 하기보단 인간에게 관심을 기울이게 해요. 상대가 무엇에 관심이 있고 어떤 감정을 느끼는지, 상대의 소망이 무엇인지 얘기를 더 많이 들어보고 싶게 하죠. 그러다 보면 상대에 대해 많은 것을 알고 이해하게 된답니다. 이런 관심은 생각보다 큰 힘을 발휘해요. 정말 상대의 마음을 조금은 '읽게' 되니까요.

물론 현대의 심리학 연구 중엔 신체 언어를 연구해 그 사람이 '몸으로 말하는 진심'을 찾는 분야도 있어요. 폴 에크먼 Paul Ekman, 1934~ 박사가 대표적이죠. 사람이 느끼는 감정과 생각은 말로 표현하기 전에 표정과 몸에 즉각 나타나요. 그리고 이 몸의 언어는 속이지 못하죠. 신기하게도 신체 언어 표현 방식은 아기 때부터 전 세계 인종이 똑같다고 해요. 나라, 문화와 상관없이 인간에게 원초적으로 새겨져 있죠. 즉, 인간은 원래 거짓말을 못 하는 존재랍니다. 재미있지 않나요? 하지만 우리는 이성이 있고 사회 규범 속에 살기 때문에 금방 몸에 나타난 감정을 감추는데, 이 아주 짧은 첫 반응을 발견하고 분석하는 일이 에크먼 교수의 연구예요. 정말 '상대의 마음을 읽을 수 있는가?'에 도전하고 있죠. 특히 상대가 진심을 말하는지 거짓말을 하는지 구별하는 데 관심을 기울였어요.

에크먼 교수의 연구는 범죄 해결과 테러 예방 등에 도움을 주고 있답니다. 하지만 이 연구도 신체 언어를 보고 상대의 감정을 맞출 확률은 높게 보면 78퍼센트 정도라고 해요. 물론 전체 상황의 맥락과 그 사람의 말 등 여러 가지를 종합해야 하죠. 게다가 첫 순간 나타나는 미세 표정을 분석하도록 고도로 훈련된 전문가만 가능해요. 즉, 심리학을 공부하는 것만으론 상대의 마음을 꿰뚫어 보는 초능력이 생기진 않아요. 설령 그런다 하더라도 정말 좋은 관계를 맺는 데 큰 도움이 되진 않을 거예요. 여러분은 자신을 보여 주지 않으면서 나를 꿰뚫어 보는 듯한 사람과 가까이하고 싶은가요? 그래서 서로 관심을 가지고 진심을 표현하는 용기가 훨씬 중요하답니다.

② 심리 치료는 어떻게 하나요?

심리 치료의 방법은 무척 다양해요. 약을 함께 사용하기도 하고, 상담 방법도 접근 방식에 따라 다양하지요. 하지만 전체적으로 상담이 이뤄지는 기본적인 틀만 설명해 본다면 이런 식이에요.

증상이 심할 때는 약물 치료를 받아야 해요. 우울증, 불안 장애 같은 증상이 심각할 땐 약의 도움을 받지 않으면 고통이 심하고 회복이 어려워요. 약물 치료를 받는 방법은 잘 알려진 대로 병원에 가면 돼요. 신경정신과 같은 곳에 가면 의사 선생님이 증상을 듣고 필요한 질문들을 한 후에 증상에 맞는 약을 처방해 줍니다. 필요하면 현재 상태를 정확하게 알기 위해 심리 검사를 여러 종류 실시하기도 해요. 그리고 결과에 따라 약물 치료를 받으면서 필요하면 한 번에 45분 정도씩 상담을 하기도 합니다. 우리나라엔 아직 상담을 같이하는 의사 선생님이 많지는 않아요. 그리고 신경정신과에서 상담하는 경우 주로 정신 분석을 많이 사용하는데, 정신 분석은 과거의 전통이 많아 남아 있어 일반 심리 상담보다 좀 더 지시적이고 딱딱하게 느껴지기도 해요.

심리 상담 센터에서 상담을 받는 경우는 먼저 자신이 어떤 부분 때문에 힘든지 간단히 얘기하면 거기에 맞는(혹은 원하는) 상담사를 연결합니다. 그럼 먼저 신청서를 작성하고 상담에 대한 기본적인 안내를 받습니다. 상담 방법과 시간에 대한 약속, 비밀 보장의 원칙*, 상담사의 역할 등이죠. 초기에 심리 검사를 먼저 하는 곳도 많아요. 그리고 심리 검사 결과

해석을 포함해서 매주 한 번씩 만나 상담을 진행합니다. 처음에 대략적인 만남 횟수를 정하기도 해요. 상담을 통해 어떤 부분을 도움받고 싶은지 목표를 정하는 일도 중요하죠.

상담에는 무척 다양한 치료 방식이 있어요. 상담하는 전문가를 상담자, 상담 치료를 받는 쪽을 내담자라고 하는데, 그 상담자가 어떤 기법을 주로 사용하느냐에 따라 조금씩 상담 과정은 달라져요. 기본적으로 이야기를 많이 들어 주고 어떤 부분이 힘들었는지 내담자의 관점에서 충분히 공감합니다. 판단하거나 잘잘못을 가리지 않고 있는 그대로 수용해 주죠. 이 부분이 상담의 가장 강력한 힘이기도 해요. 일상 속에서 이런 만남을 경험하기 어렵기 때문이죠. 충분히 이야길 들으면서 지금의 고통이 어떻게 시작되었는지 원인과 그 패턴을 발견하기도 합니다. 그리고 내담자가 상황을 새롭게 바라보도록 돕고, 지금 여기서 내담자의 숨어 있는 힘이 드러난 부분들을 찾기도 하죠. 잘 해 온 일들을 충분히 인정하고 현재의 어려움을 이겨 갈 자원들을 함께 찾아봅니다. 그리고 변화되고 싶은 부분에 대한 구체적인 전략을 함께 세우고 단계적으로 실천할 수 있도록 곁에서 돕습니다. 건강하지 못했던 행동에서 더 편안하고 건강한 행동으로 목표만큼 변화되면, 함께 지난 과정을 점검하고 건강한 변화를 지속할 방법을 찾아보고 상담을 마칩니다.

---

* 상담자는 내담자가 한 이야기를 다른 사람에게 발설하거나, 공개하지 않을 의무가 있습니다. 상담사의 자격 유지를 좌우할 만큼 중요한 윤리 원칙이죠. 그러나 내담자가 자살을 하려 하거나 다른 사람을 해치려 하는 경우, 본인이 원하는 경우 등 몇 가지 예외가 있습니다.

심리 상담은 이론 대부분이 '내담자 중심'의 '공감'적인 상담을 기본으로 합니다. 그래서 심리 치료를 받으면, 과거 부정적으로 대우받았던 여러 경험에서 벗어나 진짜 자신을 발견하고 자존감을 높이는 데 큰 도움이 된답니다.

2부

우리 곁의 진짜 심리학

01

진짜 심리학과 유사 심리학

요즘 심리학이라는 단어가 너무나 많이 쓰이죠? TV를 틀어도, 서점에 가도, 거리를 걸어도 심심찮게 심리학, 심리 상담이라는 용어를 접하게 돼요. 심리학이 사람과 무척 가까운 분야이고 폭넓게 발전하기에 그런 까닭도 있겠죠. 하지만 이런 심리학의 매력을 이용하려는 가짜 심리학도 그만큼 많아지고 있어요. 심리학에도 진짜와 가짜가 있냐고요? 네, 그래요. 정확히는 과학적인 심리학과 그렇지 않은 유사 심리학이 있어요. 과학적인 연구 방법을 쓰고 검증이 되는 내용은 우리가 지금까지 살펴본 진짜 심리학에 해당하지만, 과학적 방법론으로 증명되지 않는데도 '과학인 척'하며 심리학이라고 주장하는 이론 또한 많답니다.

피가 모든 것을 결정한다?-혈액형 심리학

대표적인 것이 여러분도 잘 아는 혈액형 심리학이에요. 이 밖에도 잡지, 인터넷에 많은 심리 테스트도 유사 심리학에 해당하죠. 정말 신뢰할 만한 심리 검사들은 엄격히 설계되고, 검증 절차를 통해 개발돼요. 그리고 전문가의 도움을 받아 실시하고, 해석한답니다. 유사 심리학이 문제가 되는 이유는 사람들에게 잘못된 편견이나 믿음을 심어 주기 때문이에요. 또 그것을 이용해 많은 돈을 벌기도 하죠.

한편으로 심리학이 밝혀낸 인간의 특성과 한계를 해로운 방식으로 사용하는 사람들도 있어요. 인간의 약점을 이용한 판매 전략부터 불안과 공포심을 이용하는 사이비 종교까지, 심리적 기법이 숨겨진 많은 유혹 속에서 우리는 살고 있죠. 심리학이 밝혀낸 정보를 사용하는 사람들의 '의도'가 문제 되는 경우예요. 이런 상황 속에서 건강하고 균형 잡힌 선택을 하려면 이제 우리도 좀 더 지혜로워져야겠죠?

혈액형 심리학은 한국에서 선풍적인 인기를 끌었어요. 누구나 'A형은 소심해', 'B형은 바람둥이야'라는 식의 얘길 들어 보았을 거예요. 심심찮게 서로의 혈액형을 물어보고 혈액형으로 성격을 설명하는 대화도 듣죠. 심지어는 '나는 B형이랑은 안 맞아'라고 상대를 만나기도 전에 미리 결정해 버리는 예도 있어요. 혈액형을 소재로 다룬 웹툰, 영화 등 다양한 문화 상품이 개발되고 수많은 책이 팔려 나간 까닭은 혈액형 심리학이 '진짜'라는 믿음 때문이죠. 이 혈액형 심리학이 과학적이라면, 단지 혈액형을 아는 것만으로 네 유형 중 하나로 상대가 파악되니 얼마나 편리하고 안심이 될까요?

혈액형 성격 유형은 대표적인 유사 심리학이에요. 혈액형 심리학은 일본에서 후루카와라는 사람이 1927년에 만든 것으로 원래 '우생학'이라는 학문에 뿌리를 두고 있어요. 우생학은 1883년 영국의 골턴이 창시했습니다. 유전적으로 더 우월한 유전자를 개량하여 후세에 남기고 열등한 유선사를 세거하려는 목적으로 연구되었죠. 이 우생학을 극단적으로 이용하여 인종 학살 정책의 근거로 삼았던 것이 바로 세계 2차 대전 당시의 나치 정권이에요. 독일 국민 대다수를 차지한 게르만 민족의 유전자가 가장 우수하고, 인류에 해로워 제거되어야 하는 열등한 유전자를 가진 민족이 유대인이라고 주장했죠. 그래서 홀로코스트(제2차 세계대전 중에 나치 독일이 자행한 유대인 대학살) 같은 역사적 비극도 일어났어요. 이때 우생학이 개발한 방법의 하나가 ABO식 혈액형 구별법이었습니다. 예를 들면, 서양인은 대부분 A형, O형이고 B형, AB형은 전체 인구의 10퍼센트 정도밖에 안 된다고 해요. 이 같은 혈액형의 불균등 분포를 근거로 백인, 그중에도 게르만 종족이 가장 우수한 유전자라고 주장한 거죠. 하지만 페루 선주민은 100퍼센트가 O형이고, 우리가 인디언이라고 알고 있는 아메리카 대륙 선주민도 99퍼센트 정도가 O형이라고 해요. 그들의 논리를 적용하자면, 세상을 지배할 우수한 민족은 백인이 아닌 페루인이나 아메리카 선주민인지도 몰라요. 이렇듯 말이 안 되는 이론이지만, 당시 독일과 동맹국이던 일본이 이 방법을 받아들였어요. 일본의 식민지 지배의 정당성을 설명하기 위해서였죠. 예를 들어 당시 우리나라의 국권을 침탈한 일본은 우리나라보다 자기 나라의 A형 비율이 높기 때문에, A형이 더 많은 일본이 더 발전된 민족이라고 주장했어요.

2차 대전이 끝난 후 관심을 받지 못하던 혈액형 심리학은 1970년대에 일본의 한 방송 작가가 쓴 책 때문에 다시 유명해졌어요. 대유행을 일으켰죠. 그리고 이것이 그대로 한국에 수입되어 지금 우리가 알고 있는 혈액형 심리학이 되었어요. 이걸 믿고 있는 나라는 전 세계에서 한국과 일본뿐이죠.

혈액형 심리학 신봉자들은 피는 우리 몸을 이루는 물질 중에 가장 양이 많기 때문에 피의 차이에 따라 기질의 변화가 있는 게 당연하다고 얘기해요. 하지만 사실 혈액형은 ABO식으로만 나뉘지 않습니다. 다른 수많은 혈액형 분류법이 있죠. 심지어는 이 네 유형 중 어디에도 속하지 않는 피를 가진 사람들도 있답니다. 그들의 주장이 옳다면 피가 다양하니까 기질도 당연히 더 다양해져야겠죠? 그런데도 왜 A, B, O, AB의 네 가지 성격 유형만 있을까요? 그 이유는 혈액형 심리학이 개발되던 당시 혈액을 구분하는 방법이 이것뿐이었기 때문이에요. 그럼 이렇게 전혀 과학적이지 않은 혈액형 심리학이 왜 이만큼 유행하고, 심지어 '잘 맞는다'고 믿게 되었을까요? 여기엔 사실 심리학적인 비밀이 있습니다.

똑똑한 말 한스 때문에 일어난 일들

혈액형 심리학이 옳다고 주장하는 근거로 자주 등장하는 TV 실험이 하나 있어요. 다시 말하지만, 심리학자나 과학자가 설계한 실험이 아닌, 일본의 TV 프로그램이 한 유치원의 아이들을 대상으로 한 간단한 실험이에요. 아이들을 혈액형 별로 나눠 그룹을 만들고, 선생님이 꽃병을 절대 깨뜨리면 안 된다고 주의를 줘요. 그러고 나서 선생님이 나가면 방송 스태프가 들어와 일부러 꽃병을 깨뜨리고 혈액형 별 아이들의 반응을 보는 실험이죠. 혈액형 심리학에 대한 굳센 신뢰를 바탕으로 만들어진 이 방송에서 아이들은 재미있는 반응을 보입니다. 먼저 A형 그룹은 스태프가 꽃병에 손만 대도 난리를 피고, 깨뜨리자 선생님께 이르러 가기도 하죠. B형은 꽃병이 깨지자 도리어 즐거워합니다. O형은 꽃병이 깨지자 스태프를 나무라며 선생님이 돌아오자 바로 누가 깬 것인지 알려 주고, AB형은 도무지 관심이 없는 듯하죠. 4분 남짓으로 편집된 이 영상을 보면 혈액형 심리학은 정말 믿을 만합니다. 이게 어찌 된 일일까요?

순수한 아이들의 행동이 신기한가요? 더 신기한 이야길 하나 해 줄게요. 이번엔 '아이'도 아닌 '말'에 대한 이야기입니다. 세상에서 가장 똑똑한 말이었던 '한스' 이야기죠. 1900년경 독일의 수학 교사이자 진화론 신봉자였던 빌헬름 폰 오스텐Wilhelm von Osten은 퇴직 후에 자신의 믿음에 따라 말에게 수학을 가르쳐 보기로 했어요. 진화의 산물인 인간처럼 동물들도 숨겨진 재능이 있고, 그것을 잘 발전시켜 주면 인간만큼 똑똑해지리라고 믿었거든요. 그래서 '한스'를 학생으로 삼아 4년간 오스텐은 열심히 수학을 가르칩니다. 결과는 어땠을까요? 놀랍게도 한스는 덧셈, 뺄셈은 물론 곱셈과 분수, 제곱근까지 풀어낼 수 있게 되었답니다! 오스텐은 이 결과가 무척 흡족했어요. 그래서 1904년 한스를 세상에 공개했습니다. 사람들은 놀랐고, 한스는 무척 유명해졌죠. 이 '똑똑한 한스'를 조사해 보고자, 심리학자 오스카 풍스트Oskar Pfungst가 나섭니다. 정말 한스의 능력이 사실이라면 과학적으로 무척 중요한 사건이니까요. 그래서 그는 매우 세심하게 한스의 능력을 검증해 갑니다. 그리고 이후 약 100년간 자신을 유명인으로 만든 중요한 발견을 하게 되죠.

한스는 주인인 오스텐이 답을 알고 있는 문제는 놀랍도록 정확히 답을 맞추었어요. 예를 들어 숫자가 적힌 카드를 오스텐과 한스가 다 보도록 놓고 문제를 내면 한스는 98퍼센트의 성공률로 답이 적힌 카드를 맞혔어요. 웬만한 고등학생도 달성하기 힘든 성공률이죠. 그런데 그 카드를 한스만 보도록 놓고 문제를 내면 정답률은 6퍼센트로 떨어져 버리고 말았습니다. 오스텐이 귀에 두 숫자를 속삭여 주면 놀랍도록 덧셈을 잘 해내지만, 풍스트와 오스텐이 한 숫자씩을 속삭였을 땐 답을 맞히지 못했어요. 실험이 반복될수록 풍스트는 한스의 능력이 수학이 아니라, 오스텐의 무의식적인 비언어 신호를 알아차리는 능력임을 알게 되었어요. 실제로 우리의 의사소통 중에 순수하게 언어를 통한 의사소통은 7퍼센트에 불과하다는 연구 결과도 있으니까요. 의사소통의 93퍼센트가 음성 높낮이, 표정, 몸짓 등의 비언어로 이루어진다는 이야기이고, 한스는 이 비언어 신호를 잘 알아차리고 주인이 원하는 답을 한 거죠. 오스텐은 본의 아니게 4년간 한스에게 수학이 아닌 자신의 비언어 신호를 읽는 법을 가르친 거예요. 이 사건을 계기로 실험자들이 자신도 모르게 실험 대상에게 영향을 끼쳐 실험 결과를 의도한 대로 유도할 수 있음이 밝혀졌어요. 그리고 이런 현상을 똑똑한 한스 효과라고 부르게 되었죠.

이제 앞의 혈액형 실험이 왜 과학적이지 못한지 알겠나요? 아이들

이 비록 혈액형 유형론은 잘 몰랐다 해도, 실험을 진행하는 사람들의 의도가 영향을 끼쳤을 확률이 높아요. 게다가 혈액형 심리학을 증명하는 방송을 만들고 싶었던 제작자들의 손으로 편집된 화면은 더욱이 신뢰하기 어렵겠죠.

'똑똑한 한스 효과'는 이후로 수많은 재실험과 검증을 거치게 돼요. 그리고 그중 대표적인 예가 바로 피그말리온 효과입니다. 실험을 한 사람의 이름을 따서 로젠탈 효과라고 하기도 하죠. 1964년에 로버트 로젠탈Robert Rosenthal이라는 심리학자가 한 초등학교에서 실험을 했어요. 선생님들에게 아이들의 성적 향상 잠재력을 알아보는 새로운 검사라고 하고는 일반 지능 검사를 합니다. 그리고 결과와 상관없이 무작위로 20퍼센트의 아이들을 선정해서 담임 교사들에게 이 아이들이 앞으로 수개월 동안 성적이 오를 거라고 알려 주었어요. 놀랍게도 무작위로 선정했던 20퍼센트의 학생들이 실제로 성적이 눈에 띄게 올랐습니다. 이뿐만 아니라 8개월 후 다시 한 지능 검사에서도 다른 아이들보다 뛰어난 결과를 보였어요. 달라진 점은 단 하나, 단지 선생님이 그 아이들이 성적이 오른다고 믿은 것뿐이었는데 말이지요. 이 실험 결과 사람 역시 누군가가 자신에게 갖는 기대대로 무의식적으로 행동함이 밝혀졌어요. 누군가 긍정적인 기대를 지속해서 갖고 대한다면 이 20퍼센트의 학생들처럼 놀라운 발전까지도 이룰 수 있는 거죠. 이 같은 발견은 교육 심리학계에 큰 영향을 미쳤어요. 모두 '똑똑한 한스' 덕분에 시작된 일이지요.

혈액형 심리학에 이 '피그말리온 효과'가 어떤 영향을 미치는지 짐작이 가나요? 만일 누군가 나를 향해 '너는 B형이니까 이렇게 행동할 거야'라고 지속해서 기대한다면 난 그 사람 앞에서 B형 유형처럼 행동하게 될지도 몰라요. 그리고 자신마저 '역시 나는 B형이니까 이런 거야'라고 합리화하고 스스로 제한할지도 모르지요. 이것이 다수가 혈액형 심리학을 신뢰할 때 일어나는 일이에요. 물론 믿는 내용이 합리적이고 진실에 가깝다면 별문제 없겠지만, 각각 독특한 마음과 개성의 주인인 수많은 사람을 단지 네 개의 유형으로 나눠 놓은 유사과학에 불과하다면 과연 어떨까요?

심리 테스트와 바넘 효과

'그래도 난 혈액형 성격 설명이 꼭 맞던데.' 하는 사람이 있나요? 좋아요. 그럼 여러분에게 상당히 정확한 성격 분석을 하나 보여 줄게요. 1948년에 심리학자 버트럼 포러Bertram R. Forer는 학생들에게 자신의 성격을 잘 알 수 있는 새로운 심리 검사라고 말하고 성격 검사를 했습니다. 그리고 결과를 분석해 돌려준 종이에는 이런 내용이 있었어요.

"당신은 타인이 당신을 좋아하길 원하고, 존경받고 싶어 하는 욕구가 있지만, 자신에게는 비판적인 경향이 있습니다. 성격에 다소 약점은 있지만 일반적으로 이러한 결점을 잘 상쇄시킵니다. 당신에게는 아직 스스로 발견하여 활용하지 못한 숨겨진 상당한 재능이 있습니다. 겉으로 볼 때 당신은 자제심이 있고 다소 완벽주의적인 면도 있는 사람입니다. 하지만 속으로는 걱정스럽고 불안정한 경향도 있습니다. 당신은 때로 과거를 돌아보면서 올바른 결정을 한 걸까, 그건 올바른 행동이었을까 하고 깊이 고민하기도 하지만, 대개는 미래에 초점을 둡니다. 당신은 적당한 변화와 다양성을 좋아하고, 규칙이나 규제의 굴레로 갇히는 것을 싫어합니다. 자신이 독립적이고 자유로운 사고를 하는 사람임이 자랑스럽고, 이해할 만한 근거가 없으면 다른 사람의 말을 거저 받아들이지 않습니다. 당신은 다른 사람들에게 너무 솔직하게 속마음을 다 말하는 것은 지혜롭지 못하다고 생각합니다. 때로 당신은 외향적이고 친절하며 사회성이 좋지만 가끔은 내향적이고 주의 깊게 생각하며, 과묵한 때도 있습니다. 안정감은 당신의 삶에서 중요한 부분입니다. 당신이 가진 소망 중의 일부는 좀 비현실적이기도 합니다."

'나랑 비슷해!'라는 생각이 들지 않나요? 그런데 이 결과지는 사실 당시 검사한 모든 학생에게 나눠 준 것이었어요. 즉 학생들은 알지 못한 채 모두 같은 결과지를 받았죠. 그리고 포러는 이 새로운 심리검사의 정확성 평가를 위해 자신이 받은 결과의 타당도를 5점 만점으로 평가해 달라고 합니다. 결과는 어땠을까요? 무려 평균 4.26점이 나왔답니다. 검사에 참여한 모든 학생이 결과가 거의 정확하다고 응답한 거예요. 설마, 이 학생들은 모두 성격이 같았던 걸까요?

당연히 성격이 모두 같을 리 없죠. 단지 학생들이 착각에 빠진 겁니다. 위의 문장들을 다시 한 번 자세히 살펴보면 상당히 모호하고, 또 모순적인 표현들이 모여 있습니다. 예를 들어 "남이 좋아해 주길 바라지만" "자기에게 비판적인 경향"은 대부분의 사람이 가지고 있는 특징입니다. 냉정히 생각해 보면 남에게 사랑받고 싶지 않은 사람이 있을까요? 그러면서도 '나는 왜 이럴까?'라는 생각을 한 번쯤 해 보지 않은 사람 또한 없을 거예요. 이런 식으로 보편적인 사람의 특징들을 두루뭉술하게 모아 말이 되도록 묶어 둔 것입니다. 그리고 "때로는 외향적"이지만 "가끔은 내향적"이라는 식의 모순된 표현을 한데 묶어 둬서 둘 중 한쪽만 해당해도 '나에 대해 잘 알고 있구나'라고 생각하도록 하죠. 사실 외향적인 사람이라고 항상 떠들고만 있을 리 없고, 내향적인 사람이라고 늘 침묵만 하지는 않잖아요? 이런 식으로 보편적이고 모호해서 누구에게나 적용될 만한 심리적 특징을 자신에게만 있는 특성이라고 믿는 경향을 '바넘 효과'라고 해요. 이 실험을 한 사람의 이름을 따서 '포러 효과'라고도 부르죠.

학생들이 자신의 심리 검사 결과인 줄로만 알았던 이 결과지는 사실 포러가 별자리점에 나오는 성격 특성들을 무작위로 모은 것이었어요. 우리나라에서 사람들이 혈액형 심리학의 성격 설명을 읽으면서 "와, 이거 내 이야기야." 하듯이, 서양에선 별자리 점성술의 성격 설명을 읽으면서 "정말 잘 맞아"라고 하거든요. 둘 다 '바넘 효과'를 이용하는 게 핵심입니다. 보편적인 사실을 자신에게만 해당하는 개인적 정보로 받아들여 '내 이야기'라고 믿게 하는 거죠. 이제 혈액형 심리학이 과학적이지 않은데도 왜 사람들이 '잘 맞는다'고 느끼는지 이해가 가나요?

많은 사람이 이런 인간의 심리 특징을 이용해서 여러 그럴듯한 것을 만들어요. 대표적으로 점성술이나 타로도 이 '바넘 효과'를 많이 이용하죠. 이 효과 때문에 우리는 인터넷 운세나 점을 신뢰하게 되고, '믿을 만한' 그 정보에 돈을 내요. 인터넷에서 흔히 보는 많은 심리 테스트도 바넘 효과를 사용합니다. 한때 '사이코패스 테스트'라는 것도 유행했었죠? 그걸 해 보고 높게 나온 점수 때문에 '혹시 내가?' 하고 불안해한 사람도 있을 거예요. '사이코패스'는 기질적으로 공감 능력에 선천적 결함이 있는 두뇌를 타고나는 매우 소수의 사람을 얘기해요. 전 세계적으로 어떤 국가든 약 1~3퍼센트 정도가 존재한다고 알려져 있죠. 그러나 다 범죄자가 되지도 않고, 대체로 겉모습만 보고는 잘 알 수 없어요. 감별하려면 훈련된 전문가의 면접과 전문 심리 검사 도구 사용, 정확히는 뇌파 검사와 뇌 촬영이 필요해요. 그런데 인터넷에 올라온 몇 문항 되지 않는 그 검사가 내가 사이코패스인지 알려 줄까요? 그건 사람들의 불안과 호기심, 바넘 효과를 이용해 돈을 벌려는 고약한 상술에 불과하답니다. 사람의 심리적 상태를 측정하고 정확한 결과를 예측하는 검사를 만들려면 문항의 선정, 검사 실시 방법에서부터 수없이 검증과 오류 분석을 해요. 물론, 그렇게 개발된 후에도 수많은 학자가 그 검사의 타당성을 검증하는 연구를 하죠. 심리 상담 센터나 정신 병원에서 쓰는 대부분 검사는 이렇게 개발되었어요. 그러나 잡지에 종종 실리거나 인터넷에 떠돌아다니는 심리 검사들은 물론 이렇게 만들지 않죠. 호기심을 자극하고 약간의 신뢰를 주면 '돈'이 되니까요. 나를 정확히 이해하는 데는 아무런 도움도 되지 않아요.

바넘 효과를 이용하는 것은 일반적인 특징들을 교묘하게 포장하는 일이기 때문에 맞는 듯해도 뭔가 모호하고, 확실한 답이 되지 않는 경우가 많아요. 그래서 바넘 효과를 이용한 콘텐츠들은 주로 '재미로' 본다고 많이 얘기해요. 꼭 과학적이지 않아도 그냥 재미로 해 보는 건데 뭐, 라고 말하고 그만큼 기대도 크게 갖지 않으니까 조금만 잘 맞는 듯해도 마음이 끌리죠. '재미로'라고 하지만 우리 안에 형성된 신뢰는 생각보다 많은 영향을 미쳐요. 무의식적 믿음은 우리가 세계를 보는 방식을 결정하는 데 중요한 역할을 하기 때문이죠.

나를 알고 싶고 다른 사람들을 이해하고 싶다는 여러분의 바람은 건강하고 아름다워요. 정말 원한다면 이젠 혈액형 심리학에 나와 상대를 짜 맞추려 하는 대신, 나와 상대의 감정과 욕구를 인정해 주고 귀 기울여 주세요. 그러기 시작하면 점점 네 개의 혈액형에는 다 담을 수 없었던, 개성적인 한 인격이 보이기 시작할 거예요. 나와 닮은 생각도 다른 생각도 많은, 꽤 멋진 친구가 내 앞에 있음도 알게 될 거랍니다. 그럼 더는 "난 B형 같은 A형이야"라고 설명하며 자신을 이해시키려 애쓰지 않아도 괜찮을 거예요.

02

마술의 심리학

초능력, 영과의 대화, 기적 체험 등 우리 주변엔 신기한 이야기가 많죠. 귀신과 대화하며 운명을 알아맞힌다는 무속인, 독심술이나 텔레파시, 숟가락 구부리기 등 초능력을 쓴다는 사람, 심지어 기적적인 치유 능력이나 '신과의 소통'이 가능하다는 사이비 종교의 교주까지. 이런 신비한 일들은 우리의 호기심을 자극해요. 마치 세상 사람들이 모르는 비밀스러운 세계를 들여다보는 듯한 전율도 있습니다. 그래서 초능력자나 영혼의 세계, 신비로운 체험이 소재가 된 상품이 끊임없이 만들어지고 인기를 끌어요.

유리겔라의 속임수

신비로운 경험은 우리가 특별한 존재라는 느낌을 줍니다. 그래서 사람들의 관심을 끌고 돈과 명예를 얻는 좋은 수단이 되기도 하지요. 그런 특별한 능력을 갖춘 사람은 '남들과 다른 존재'라는 카리스마를 얻게 됩니다. 그러니 한 번쯤 초능력을 갖고 싶다는 생각을 해 보지 않은 사람이 있을까요? 시험지를 보면 저절로 답이 떠오르거나, 책을 한 번만 보면 내용이 그대로 머릿속에 들어가는 능력이 있으면 얼마나 좋을까요? 이처럼 내가 헤쳐 가야 하는 삶의 과제들을 초자연적인 능력으로 쉽게 풀어 버릴 수 있다면, 우리는 기꺼이 대가를 치르고 그 능력을 얻거나 적어도 능력자에게서 문제의 답을 얻으려 할 거예요. 그러나 사실 이런 신비한 현상들은 정말 '초자연적'이라기보단 '심리학'을 이용한 현상인 경우가 많다는 것을 알고 있나요? 우리 주변에서 접하는 신비한 일들의 대부분은 인간의 심리적 특성을 이용해 일어난 일입니다. 이런 심리적 기법들이 때로 사람을 조종하거나 돈을 벌고 권력을 얻으려는 목적으로 악용되는 게 문제예요.

초능력으로 숟가락을 구부린 '유리겔라' 이야기를 들어 본 적 있나요? 그의 초능력은 세계적으로 유명했어요. 우리나라를 방문해서 방송으로 초능력을 보여 준 적도 있죠. 모두가 진짜 초능력자라고 믿었던 그가 실은 사기꾼임을 증명한 사람이 있어요. 바로 '제임스 랜디 James Randi'라는 유명한 전직 마술사죠. 유리겔라가 미리 여러 번 구부러 아주 약해진 숟가락을 준비해 놓고 마치 자신의 염력으로 구부리는 듯 속인다는 사실을 랜디는 알고 있었어요. 왜냐하면 그것이 마술사들이 잘 쓰는 '타임 미스디렉션'이라는 기술이었기 때문이죠. 타임 미스디렉션은 미리 마술 작업을 진행해서 재료나 상황을 다 만들어 놓고, 사람들이 자기 눈앞에서 현상이 시작되었다고 믿게 만드는 시간차 기술을 말해요. 예를 들어 병 안에 큰 사과나 배가 들어가게 하려고 열매가 삭을 때부터 병을 씌워 키우는 일처럼 말이지요. 현란한 손기술로 빈 병과 바꿔치기하면 사람들은 그 사과와 배가 지금 여기서 병 안에 들어갔다고 믿게 되죠.

같이 방송에 출연한 랜디가 유리겔라의 속임수를 밝혀낸 방법은 아주 간단했답니다. 초능력을 사용하기 전에 자신이 준비한 새 숟가락과 금속 물건들로 바꿔 주고 그것을 구부려 보라고 한 거죠. 미국에서 가장 유명한 초능력자로 추앙받던 그는 이 방송을 계기로 큰 타격을 입었어요. 이후 제임스 랜디는 '랜디 교육 재단'을 만들고, 자신의 초능력이 진짜임을 증명하는 테스트를 통과하면 100만 달러를 주겠다는 발표를 했어요. 초능력이 진짜이기만 하면 백만장자가 될 기회죠. 수많은 사람이 지원했지만, 아직 100만 달러를 받아간 사람은 한 명도 없어요. 그는 '불가사의한 현상에 관한 과학적 연구를 위한 위원회CSICOP'의 창설 위원이기도 하답니다.

랜디 이후로 사람들에게 쉽게 영향력을 미쳐 왔던 초능력자들은 수난을 겪게 돼요. 초능력이 속임수가 아닌지 검증하고 연구하는 사

람들이 나타나기 시작했거든요. 특히 심리학자들은 가짜 초능력자들이 어떤 심리적 기법을 사용하는지, 어떤 식으로 눈과 뇌의 착각을 유도하는지 핵심 원리를 밝혀내기 시작했어요. 랜디는 매우 뛰어난 마술사였기에, 많은 기술이 사람의 눈과 뇌를 속이는 심리적 기법임을 알았어요. 마술의 가장 기본이 관객들을 그런 심리적 착각에 빠뜨리는 일이니까요. 그래서 그는 초능력자들의 능력을 검증할 때 심리 트릭을 쓰지 못하는 환경에서 능력을 보이도록 했죠. 염력으로 책장을 넘기고 연필을 굴린다고 주장하는 초능력자에게는 책과 책상

위에 스티로폼 가루를 뿌려 놓고 해 보도록 했어요. 입김을 사용하지 않음을 증명하도록 말이죠. 물론 그 사람은 연필을 굴리지도, 책장을 넘기지도 못했어요.

CSICOP와 랜디 재단이 초능력을 검증하는 방식에는 심리학적인 실험 설계가 많이 이용돼요. 이 분야를 전문으로 연구하는 심리학자들도 이제 많이 있죠. 그 결과 아직 초능력이 실존하는지는 증명하지 못했지만, 인간의 무의식과 두뇌가 어떤 일을 하는지는 많이 밝혀냈어요. 인간의 놀라운 능력을 확인하고자 했던 심리학은, 본의 아니게 초능력자가 심리적 기법을 잘 활용하는 능숙한 배우이자 사기꾼임을 밝히는 데 핵심 역할을 하게 되었죠. 100만 달러는 지금도 건재하고, 심리학과 초능력의 악연은 현재까지 계속되고 있어요.

일본 최고의 독심술사와 대결했던 방송에서 랜디는 말해요. "오늘 또다시 초능력의 부재가 증명되었습니다. 증명 못 하는 힘을 믿어서는 안 됩니다. 그것은 모두의 인생까지 위협하는 일이 됩니다. 국가든 개인이든 장난으로 초능력을 믿는 일은 대단히 위험한 행위이자 사이비입니다. 이것을 꼭 명심해 주셨으면 좋겠습니다"라고. 그는 자신이 트릭을 사용한다고 인정하고 자신의 능력은 초능력이 아닌 마술임을 알리는 사람에겐 아무 문제가 없다고 말해요. 문제는 마치 자신이 정말 초능력을 가진 듯 사람들을 속여 돈을 벌고 정서적으로 착취하며 건강한 판단을 파괴하는 행위죠. 그는 아프리카를 여행하다 초능력으로 병을 고친다고 부족 사람들을 속여 돈을 끌어모으고 숭배

받던 한 사기꾼을 보았어요. 그 모습을 보고 분노해서 랜디는 이런 일을 적극적으로 하게 됐다고 해요. 안타깝게도 이런 일은 오늘날 우리 가까이서도 여전히 일어나고 있어요. 그들은 속임수로 돈을 뺏을 뿐 아니라, 사람들이 제대로 치료받을 시기도 놓쳐 결국 죽게 하는 사악한 행위를 하죠. '재미로' 믿는 것은 괜찮지 않나? 하고 말하는 사람도 많아요. 그러나 이런 가짜 초능력자들의 가장 나쁜 점은 사람이 가장 약해져 있을 때를 노린다는 거예요. 그러니 기억해요, 아직 진짜라고 증명된 초능력자는 한 사람도 없음을.

청소년기는 감수성이 민감해지고 추상적 사고가 발달하죠. 그래서 사후 세계나 초능력에도 관심이 많아져요. 초능력이 있었으면 하고 간절한 상상을 하기도 하고, 때로 자신에게 특별한 잠재력이 있다고 믿기도 해요. 심리적으로 성숙하는 과정에서 이런 환상적인 믿음은 이 시기에 나타나기도 하는 자연스러운 현상이지요. 마음껏 상상하고 창의적인 세계를 꿈꿔 보는 건 좋은 일이에요. 그러나 늘 현실에 두 발을 딛고 주체가 되어 판단하는 힘도 함께 길러야 해요.

내 눈을 바라봐, 넌 내가 모든 걸 안다고 믿게 될 거야

우리 주변엔 사람의 마음을 읽는다고 주장하거나, 나아가 영靈과 대화하며 사람의 운명을 맞춘다고 말하는 사람들이 있어요. 대표적으로 우리나라에도 오래전부터 존재해 온 '무속인'들이 있죠. 길을 가다 문 옆에 대나무가 꽂힌 집을 종종 보곤 하죠? 무속인들뿐만 아니라 다양한 형태로 영 능력을 주장하는 사람들이 있습니다. 이들 중에 정말 능력을 갖춘 사람도 있을지 모르지만, 많은 경우 잘 익힌 심리적 기법을 사용해 상대의 마음과 운명을 읽는 듯 착각하게 만드는 일을 합니다. 바로 '콜드 리딩cold reading'이라는 기술이죠.

콜드 리딩을 사용하는 사람들은 먼저 자신을 '신'과 소통하거나, 신비로운 능력을 갖췄다고 소개하며 권위를 가지고 대화를 시작합니다. 예를 들어, 이들은 대부분 처음부터 반말을 쓰죠. '능력자'인 자신이 어른 위치를 차지함으로써 기본적으로 상대가 자신의 이야기를 공손히 듣는 분위기를 만들어 냅니다. 꼭 반말이 아니어도 "신께서 이렇게 말씀하십니다"라는 표현 등으로 신이라는 절대적인 권위를 입고 우위에 서기도 해요. 이렇게 주도적으로 대화를 이끌어가죠.

콜드 리딩을 사용하는 사람은 대부분 먼저 긍정적인 특징을 얘기합니다. 뭔가 다 아는 듯한 분위기로 "넌 참 속이 여리고 섬세한 아이구나, 그런데 그걸 다른 사람들이 잘 몰라 주네"라는 식으로 말하죠. 그러고선 표현하지 못한 배려심이 많고, 창의적 발상이 뛰어나며, 직관력이 좋다고 말합니다. 이런 이유로 점을 보면 보통 기분이 좋아지죠. 이런 방법을 쓰는 이유는 우리 뇌의 특성인 '자기 고양적 편향self-serving bias'을 이용하기 위해서입니다. 우리의 뇌는 험난하고 예측하기 어려운 세상에서 살아남으려고 기본적으로 자신을 실제보다 좀 더 능력 있고 훌륭한 존재라고 인식합니다. 내가 노력하면 못 해낼 일이 없고, 행운은 언젠가 반드시 찾아온다는 믿음을 갖게 하죠. 이런 착각은 대부분 우리 삶에 긍정적 효과를 발휘합니다. 어려운 일이 찾아와도 다시 희망을 품게 하고, 더 노력하게 만들어 주니까요. 그러나 콜드 리딩을 쓰는 사람은 이런 특성을 빠르게 신뢰를 얻는 데 이용합니다. 자신에 대한 긍정적인 정보는 쉽게 믿기 때문이죠. 그리고 좋은 말을 해 주는 사람을 누가 싫어하겠어요? 그러니 어느새 '이 사람의 말은 믿어도 될 듯해'라는 생각이 듭니다.

여기에다, 앞서 소개한 바넘 효과와 '선택적 기억'이라는 인간의 특성까지 활용해서 '정말 잘 맞네!'라는 확신을 갖도록 유도합니다. 손금을 보거나 점을 치며 "수줍음 많고 소심해 보이지만, 가까운 친구들에겐 정말 솔직하게 속내를 얘기하기도 하네"라는 식으로 얘기하죠. 선택적 기억이란 이런 상충하는 내용의 모호한 정보가 제시되었을 때, 자신이 믿는 것만을 기억하고 반대쪽은 잊어버리는 특성을 말합니다. 즉, 자신이 소심하다고 생각하는 사람은 '내가 소심한 걸 맞혔어'라고 기억하고, 솔직하다고 생각하는 사람은 '내가 친구들에게 솔직한 걸 알고 있어'라고 기억하게 되죠. 이쯤 되면 상대방의 말은 분명 나를 향한 특별한 의미가 있으리라 믿고 귀를 기울이게 됩니다.

이젠 그들의 모호한 말도 강한 영향력을 갖습니다. 그리고 스스로 그 의미를 찾아내려 노력하기 시작하죠. 사실 '모호한 말'은 콜드 리딩의 핵심 기술입니다. 대부분 영 능력자는 초자연적인 능력을 사용하는 것은 힘든 일이라서 '세세하게' 보거나 듣기 어려운 듯 얘기합니다. 마치 뿌연 유리 너머로 들여다보듯이, 어떤 상징이나 부분적인 정보만 안다는 거죠. 그러나 이런 식으로 표현하는 진짜 이유는 뇌가 정보를 처리하는 방식을 이용하기 위해서입니다. 일찍이 형태주의 심리학자들이 발견했듯이, 우리의 뇌는 어떤 정보들의 나열 속에서 의미 있는 맥락을 추리해 내는 데 능숙해요. 예를 들어 점이 그림처럼 찍혀 있다면, 다음 점은 어디에 올 거라 생각이 드나요?

아마 여기일 겁니다.

그 이유는 우리의 뇌가 그냥 의미 없이 찍혀 있는 점들을 이런 규칙적인 선의 움직임 형태로 인식하기 때문이죠.

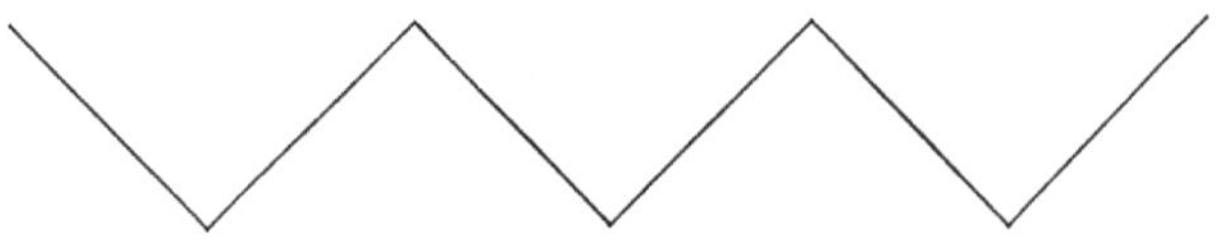

이런 뇌의 특성 때문에 사람들은 어떤 애매한 정보가 제시되면, 맥락을 연결하려고 그 정보와 자신의 연관성을 열심히 찾습니다. 그리고 스스로 그 의미를 해석하죠. 무속인이 "다친 사람이 보인다"고 얘기하면 그 대상은 자신일 수도, 가족이나 주변 사람일 수도 있고, 심지어 마음이 다친 상태로도 해석될 수 있습니다. 거기에 시간을 말하지 않았기 때문에 아주 오래전일 수도, 미래 어느 시점일 수도 있죠. 무속인을 찾는 사람들은 이런 말을 이해하려고 열심히 노력합니다. 그리고 자신의 삶에 연관되는 맥락을 스스로 찾아내어 '정말 용하다'고 생각하죠. 이런 현상을 제프리 딘Geoffrey Dean이라는 학자는 '프로크루스테스 효과'라고 불렀어요. 프로크루스테스는 그리스 신화 속 악당의 이름입니다. 친절한 사람인 척 여행객을 초대해 손님이 오면 자기 집 침대에 눕혀 놓고 침대 크기에 맞게 그 손님의 사지를 늘이거나 잘라냈다고 해요. 즉 이 효과는 무의미하고 추상적인 말을 던져 놓고, 상대가 자신의 틀에 맞춰 해석하도록 해 신뢰를 얻는 일을 의미하죠.

이쯤 되면 정보를 말해 주고 있는 쪽은 무속인이 아니라 점을 치러 온 사람입니다. 콜드 리딩을 하는 사람들은 비언어적 메시지를 읽는 능력이 뛰어납니다. 앞서 말했듯, 우리가 서로 대화할 때 93퍼센트의 정보는 비언어 신호로 전달돼요. 표정, 무의식적인 몸짓, 말을 하는 간격이나 호흡, 목소리의 상태로 전달이 되죠. 콜드 리딩을 할 때는 이런 비언어 정보를 예민하게 읽어 냅니다. 여러 주제의 이야기를 슬쩍 던져 보고 상대가 반응을 보이는 부분을 구체적으로 파고들죠. 그러면 상대는 자신이 정보를 준 줄도 모르고 깜짝 놀랍니다. 말 그대로 '얼굴에 다 쓰여 있는' 정보를 무속인이 읽는 것입니다. 물론, 그들은 자신이 무슨 내용을 말할지 모릅니다. 상대의 반응을 따라갈 뿐이죠. 짐작한 주제를 던졌다가도 상대의 반응이 다르면 재빨리 방향을 바꿉니다. 중요한 건 '신비한 능력이 있다고 상대가 믿는 일'이니까요. 이런 기법을 '낚아서 찍어 올리기'라고 합니다.

결정적으로, 콜드 리딩을 사용하는 사람은 자신이 완전히 잘못된 얘기를 했다고 해도 재빨리 그 말의 의미를 바꿔 계속 자신이 원하는 방향으로 이끕니다. 바로 "비유적으로 들으라"는 것이죠. 예를 들어, 앞서 여러 주제 중에 가족 얘기에 상대가 반응하는 걸 보고 '낚아서 찍어 올리기'로 부모와의 관계가 문제임을 알아냈다고 합시다. 그럼 많은 사람이 겪는 '어머니와의 갈등'을 예상하고, "엄마와 서로 소리치며 가슴을 치는 게 보이네"라고 말했습니다. 그런데 아뿔싸! 그 사람은 엄마가 어릴 때 죽은 사람이었습니다. 그럼 무속인은 금방 말을 바꿉니다. "아니, 내 말을 곧이곧대로 들으면 안 돼. 비유적으로 들어. 지금 아빠 때문에 힘든 마음을 하소연할 엄마가 있었으면 좋겠고, 저승에 있는 엄마도 그런 네가 안타까운데 서로 닿을 수가 없으니 답답해하는구먼. 네 엄마가 네 걱정 많이 한다." 그럼 상대는 그리운 엄마가 자신을 걱정해 주고 있다는 생각에 금방 마음이 뭉클해지며, "저도 이럴 때 엄마가 있으면 좋겠다고 생각했어요"라고 말하게 되죠.

물론, 완전히 잘못 짚었던 말은 어느새 죽은 엄마와 자신을 이어 주는 놀라운 메시지로 바뀝니다.

이런 식으로 콜드 리딩을 사용하는 사람은 상대가 자신의 신비한 능력을 믿게 하고, 어떤 식으로든 이야기를 자신이 의도한 방향으로 이끌어 갑니다. 이만큼 굳건한 신뢰가 쌓이면 이제 상대는 무속인이나 영 능력자가 하는 말을 따를 수밖에 없습니다. 왜냐하면 '신비한' 힘이 있다고 믿으니까요. 이쯤 되면 "네 엄마 한이 쌓여서 네가 지금 고생하는 거야, 굿을 해야 돼." "굳은 믿음을 갖고 지금 신을 믿는다는 증거를 보이셔야 기적이 나타납니다. 1000만 원을 헌금하고, 오직 신만을 의지하고 기도하십시오." 같은 말을 거부하기가 어렵습니다. 만일 어긴다면, 정말 불행이 닥쳐 올 듯하기 때문이죠. 이런 신뢰와 두려움을 이용해, 결국 콜드 리딩을 사용하는 사기꾼들은 상대방이 자신에게 정서적으로 의존하게 하고 돈을 내게 합니다. 깊이 빠질수록 정서적, 신체적, 물질적 피해도 깊어지게 되죠.

랜디가 말했듯, 지금까지 능력이 증명된 독심술사나 영 능력자는 없습니다. '운명과 마음을 읽는 능력' 같은 콜드 리딩도 실은 여러 심리적 기법을 복합적으로 사용한 속임수일 뿐입니다. 그러나 이런 사실을 모른 채 그 자리에 가면 사람은 누구나 정말 신비한 경험을 했다고 느낄 수 있습니다. 그러나 그들의 목적이 '상대의 진정한 행복'이 아닌, '돈을 버는 일'이라면 이런 착각은 큰 피해로 돌아오죠. 그들은 불안과 두려움을 일으키고 그걸 해소할 값비싼 해결책을 제시할

테니까요. 콜드 리딩은 흥미로운 기술이긴 하지만, 상대방과 진정한 관계를 맺고 소통할 수는 없습니다. 심리학은 인간의 놀라운 특성을 발견했지만, 그걸 이용하는 사람의 의도가 나쁘다면 우리는 거기서 자신을 지켜 낼 지혜도 필요해요.

연구에 따르면 콜드 리딩을 사용하는 영 능력자 중 자신이 콜드 리딩을 쓰고 있음을 알지 못한 채 무의식적으로 사용하는 사람도 많다고 해요. 그러나 오늘 '마음을 읽는' 누군가가 내 삶에 다가온다면, '신비한 능력'에 조종당하는 대신, 건강하게 판단하는 지혜로운 주인공이 되기로 해요. 때론 불안하고 용기가 필요한 우리의 삶이지만, 삶에 주체가 되는 특권은 누구도 빼앗지 못할 자유이자 책임이니까요.

해로운 믿음: 심리학을 이용해 신이 되다

신뢰를 얻고 카리스마를 발휘하는 데 심리학이 얼마나 큰 영향을 끼치는지 알았죠? 심리학을 이용해 '초능력'과 '영적인 힘'이 있는 듯 행동할 수 있다는 것도 말이죠. 이런 식으로 가장 큰 피해를 주는 집단이 바로 사이비 종교입니다. 사이비 종교는 많은 가정을 파괴하고, 사람들의 삶과 재산을 착취하고, 사회적으로 큰 물의를 일으키기도 해요. 그러나 안타깝게도 오늘날 우리 주변에 이런 사이비 종교는 여전히 존재할 뿐 아니라 꾸준히 늘어나고 있죠. 그곳에 빠져드는 사람들은 무언가 문제가 있는 사람이 아니라 우리와 같은 평범한 사람이에요. 교묘하게 발을 들여놓는 그들의 방식을 경계하지 못하면, 누구나 피해자가 될 수 있죠. 그래서 마지막으로 가장 큰 '영적 사기꾼'인 사이비 종교 이야기를 조금 해 볼까 합니다.

미국에서 벌어진 전 세계에 충격을 준 사건이 있어요. 바로 '인민 사원 사건'이죠. 인민 사원은 사이비 종교의 극단성과 해악을 보여주는 대표적인 예로 많이 연구된 사건이에요. 짐 존스Jim Jones라는 사람이 교주가 되어 벌인 일은 강제 노동, 살인, 집단 자살에까지 이르렀죠. '종교'라는 이름으로 이만큼 참혹한 일이 가능하다는 사실에 많은 사람이 충격을 받았습니다. 안타깝지만, 우리나라에서도 '오대양 사건'처럼 비슷한 일들이 일어나기도 했죠. 인민 사원 사건이 세상에 알려지자, 심리학자들은 인민 사원 신자들이 '왜 집단 자살을 거부하지 못할 만큼 존스의 말을 따랐는가?'에 주목했어요. 그들은 정신 이상이 있거나 몸이 부자유한 사람들도 아니었어요. 그런데도 900명 이상이 집단적인 죽음에 희생되었고, 그중에 270여 명은 아이들이었습니다. 그들 중 누구도 이런 끝을 원하고 신앙생활을 한 사람은 없을 거예요. 그런데도 그들의 믿음을, 어떻게 거기까지 몰아갔을까요?

신자들은 존스를 '구원자', '신의 대리인', '기적을 행하는 사람'으로 알았지만 실은 이런 능력이 전혀 없었어요. 단지 심리적 기법을 사용해 정신 조작을 잘하는 유창한 언변의 소유자였을 뿐이에요. 그는 어릴 때부터 사람들 앞에서 설교하기를 좋아했던 유별난 아이였다고 해요. 존스는 24살에 자신의 교회인 인민 사원을 세우고 설교를 시작했어요. 그가 처음에 한 설교는 평등과 인종 화합에 관한 내용이었죠. 당시 아직 인종 갈등이 심했던 미국에서 인종 차별로 고통받았던 많은 사람이 존스의 설교에 열광해 모여들었습니다. 그뿐만 아니라 그는 가난한 이들과 알코올 중독자를 돕고, 무료 급식소와 양로원을 운영하기도 했어요. 인민 사원 신자들은 처음에 존스의 이런 '좋은 가치'에 감화를 받아 모였습니다. 우리나라에서도 사이비 종교가 표면적으론 선한 가치를 얘기하고 봉사 활동도 많이 하곤 해요. 그러면서 좋은 일에 힘쓰니 우린 올바른 곳이라고 말하죠. 이렇게 좋은 활동과 해로운 믿음이 섞여 있어서 더욱 분별하기 어려운 것이 현실입니다.

존스도 그랬어요. 그는 처음에 이런 '좋은 가치'를 위해 작은 헌신을 요구했어요. 일주일에 한 번 정도 나와 어려운 사람들을 위해 봉사하고, 그들을 돕기 위한 작은 후원금을 내도록 했죠. 그러나 그는 얼마 못 되어 미국 중서부가 핵 공격의 표적이 되는 환상을 보았다며, 신자들에게 자신과 함께 다른 지역으로 갈 것을 요구했어요. 새롭게 옮긴 곳에서도 계속 어려운 사람을 돕는 일을 했지만, 점점 많은 시간을 교회에 헌신하도록 요구하기 시작했고, 재산을 교회에 내놓게 했습니다. 인민 사원에 대한 우려의 목소리가 들리고 사회가 조금씩 관심을 두기 시작하자, 존스는 그런 시선을 피해 자신만의 공동체를 세우기로 합니다. 그는 신자들에게 '우리들의 낙원'으로 떠나야 한다며 설득해 미국을 떠나 가이아나의 열대 우림으로 들어갔죠. 그리고 함께 간 신자들의 노동력을 착취해 '존스 타운'이라는 곳을 만들기에 이르렀습니다.

존스는 '문간에 발 들여놓기'라는 심리학 기법을 썼어요. 프리드먼 Jonathan Freedman과 프레이저Scott Fraser의 연구에 따르면 처음에 집 앞에 '신중한 운전자가 됩시다'라는 가로세로 8센티 정도의 작은 팸플릿을 붙이도록 허락한 사람들은, 2주 후에 훨씬 크고 흉한 '운전 조심' 표지판을 집 앞에 설치하도록 부탁했을 때 76퍼센트 정도가 승낙했다고 해요. 물론, 작은 팸플릿에 대한 부탁 없이 처음부터 큰 표지판을 설치하도록 부탁했을 땐 대부분 사람이 거절했습니다. 이처럼 처음에 작은 부탁에 동의한 사람은 나중에 더 큰 요구도 쉽게 승낙하게 되는 심리적 경향을 '문간에 발 들여놓기'라고 해요. 종교, 정치계뿐 아니라 다단계, 방문 영업 등 다양한 기업의 판매 전략에도 쓰이죠. 존스도 이 기법을 이용했습니다. 그는 신도들에게 요구 수준을 서서히 높여서 나중엔 큰 희생도 치르도록 했어요. 그러나 이 기법이 힘을 발휘하려면 높아지는 요구에 대해 반대 목소리가 들리거나, 상식적인 선에서 한계를 정해 놓아선 안 돼요. 그래서 존스는 동료 압박과 반대 의견 잠재우기를 활용합니다.

애시Solomon Asch의 연구에 따르면 선분 길이를 맞추는 실험에서 자신을 제외한 다른 모든 사람이 틀린 답을 말할 때, 정답을 알면서도 다른 사람과 같이 틀린 답을 말하는 비율이 75퍼센트에 달했다고 해요. 이처럼 사람은 집단 안에서 유대감을 형성하고 소속되어 살아남기 위해 주변 동료들의 판단을 더 신뢰하는 경향이 있습니다. 집단의 압력에 영향 받아 선택과 행동이 달라지죠. 이런 특성을 존스는 놀랍도록 잘 활용했어요. 존스는 한 사람의 반대 의견이 다른 사람들의 의식을 일깨움을 알기에 비판을 철저히 봉쇄했어요. 불만을 품은 듯한 사람에겐 자신의 정보원을 그 사람의 친구로 만들어 증거를 수집한 다음 공개적으로 잔혹하게 처벌했고, 유대감이 강한 사람들끼리 생각을 공유하지 못하도록 가족도 서로 헤어져 지내게 했어요. 게다가 존스 타운은 밀림 한가운데 고립되어 있었기에, 사회의 비판도 들을 수 없었죠. 오늘 우리나라에도 같은 방식을 쓰는 사이비 종교들이 있어요. 그들은 신자가 된 사람을 가출하게 해 반대하는 가족에게서 분리합니다. 그리고 종교 집단 안에서 생활하게 하면서 동료 압박으로 상식적 기준을 마비시키고 비판적 사고를 봉쇄하죠. 그러면 더 희생적인 요구에도 순응하게 됩니다. 이런 집단적인 압박이 결국 목숨까지 버리라는 강요도 거부하지 못하도록 만들고 말았죠.

그러나 수많은 신자가 존스를 따른 결정적 이유는 그가 기적을 행하는 '신의 사자'라고 믿었기 때문이에요. 존스는 마치 자신이 예수님인 듯 예배 시간에 병을 고쳤고, 신자의 개인적인 삶을 자세히 알아냈으며, 오병이어의 기적*처럼 미처 준비되지 않은 상황에서 많은 양의 음식을 만들어 내기도 했어요. 그러나 실상은 이랬습니다. 존스가

* 예수님이 자신을 따르는 신자들이 배고픈 것을 보고 어린아이가 드린 도시락인 물고기 두 마리와 보리 떡 다섯 개로 5000명 이상을 먹인 기적.

병자의 몸에서 뽑아낸 암 덩어리는 미리 손에 숨기고 있던 닭의 모래 주머니였고, 예배당 앞에서 춤추던 다리가 나은 절름발이는 아주 헌신적인 추종자의 연기였어요. 신자들의 개인적인 삶을 알아낸 것은 '신의 목소리'를 들었기 때문이 아니라 측근들이 몰래 신자의 쓰레기통부터 주변을 다 뒤졌기 때문이었죠. 음식을 만들어 낸 기적도 미리 몰래 옮겨 놓은 닭튀김을 추종자들이 나른 것에 불과했어요. 그러나 존스는 이런 기적을 꾸며 내는 데 심혈을 기울였습니다. 콜드 리딩과 마찬가지로, 이런 기적이 자신에게 막강한 카리스마를 부여한다는 것을 잘 알았으니까요.

신자들은 존스 타운에 이주한 뒤로 하루의 절반을 예배와 종교 활동에 헌신하고, 강제 노동을 했어요. 열대 지방의 척박한 환경 때문에 고열과 설사도 일상적으로 겪어야 했죠. 자녀들조차 자기 손으로 키울 수 없었습니다. 그런데도 왜 그들은 신앙을 버리고 종교를 떠나지 않았을까요? "다 함께 육신을 버리고 낙원에 들어가는 일이 유일한 구원"이라는 극단적인 헛소리에까지 순응해 독이 든 주스를 마신 사람들은, 왜 마지막 순간까지 자신의 믿음을 포기하지 않았을까요? 상식적으로 이해가 가지 않죠. 그러나 존스는 신자들이 고통을 많이 겪을수록 더 신앙을 포기 못 한다는 것을 잘 알았어요. '자기 정당화 심리' 때문이죠. 사람은 많은 것을 희생하고 더 큰 대가를 치를수록 그것의 가치를 높게 평가하게 됩니다. 자신의 희생이 의미 없었다는 인식은 받아들이기 너무나 고통스럽기 때문이죠. 기업들이 고가 정책을 쓰고, 명품처럼 무척 값비싼 물건이 계속 팔리는 이유도 같은 원리예요. 큰 대가를 치렀으니 더 좋은 물건이 틀림없다고 자기 정당화를 하니까요. 자신의 희생이 가치 있다는 확신을 얻으려고 열심히 주변 사람을 설득하는 현상도 일어납니다. 이런 심리는 종교적으로는 포교에 큰 힘이 되죠. 그래서 존스는 혹독한 종교 생활 규칙을 만들었고, 인민 사원의 신자들은 더 많은 것을 희생할수록 더 믿음을 포기하지 못하게 된 거예요.

인간은 한계를 지녔음에도 초월을 바라보는 존재예요. 종교심은 인간의 내재한 본성임을 이미 많은 문화 심리학자가 증명해 왔죠. 신앙은 사람이 고통을 이겨 내는 데 큰 도움이 되고, 삶의 의미를 발견하고 성숙과 이타적인 삶을 추구할 새로운 시야를 열어 주기도 해요. 그러나 만일 그 대상이 스스로 신이 되려는 욕망에 빠진 병든 인간에 불과하다면, 그 믿음은 우리 삶을 무너뜨려요. 그러니 기억해요, 진정한 종교는 상식을 포용함을. 신은 우리에게 균형 감각과 합리적인 판단력, 그리고 누구도 빼앗지 못할 자유 의지를 주셨으니까요.

마지막으로, 회사의 얼굴을 하고 있지만 사이비 종교와 똑같은 전략을 쓰는 '경제 종교' 다단계에 대해서도 알기 바라요. 다단계의 전략도 문간에 발 들여놓기, 자기 고양적 편향, 합숙을 통한 동료 압박과 반대 의견 잠재우기, 자기 합리화 전략까지 그대로 사용해요. 단지 달라지는 건 교주의 역할이 기적적인 수입과 성공을 이뤄 낸 카리스마적인 대표이고, 능력의 증거이자 믿음의 동기가 '돈'으로 바뀌는 것뿐이죠. '자신도 다이아몬드 등급*이 될 수 있다'는 욕망을 심어 주며, 엄격한 합숙 훈련과 집중적인 세뇌 교육으로 충성도 높이기 작업을 하면서 동시에 반대 의견에서 격리하는 과정까지도 같죠. 빚이 늘어나고 점점 현실이 어려워져도 '자기 합리화' 때문에 쉽게 벗어나지 못하는 것까지 똑같아요. 조금만 수학적 계산을 해 보면 다단계 또는 네트워크 마케팅은 다수의 하위 등급을 소수의 상위 등급이 착취하는 피라미드 구조임이 금방 보여요. 하위 등급이 다이아몬드로 올라가는 일은 불가능하다는 사실이 명확하지만, 사이비 종교가 그랬듯이 다단계도 실상은 '종교'이기 때문에 인지 왜곡에서 빠져나오기 쉽지 않아요. 취업이 절실한 대학생들을 다단계 기업은 달콤한 말과 성공에 대한 비현실적 기대로 유혹해 착취를 일삼고 있어요. 그 파괴력은 사이비 종교에 절대 뒤지지 않는답니다.

---

* 피라미드식으로 점점 좁아지며 올라가는 다단계 기업에서 높은 지위를 차지하는 등급이에요. 우수한 실적을 올리고 많은 돈을 버는 성공의 상징이죠.

03

소비 중독의 심리학

역사적으로 돈은 강한 힘을 발휘했지만, 지금은 그 어느 때보다 돈에 힘이 집중된 시대인 듯해요. 이젠 아름다움도, 명예도, 좋은 교육과 직업도 돈이 있으면 다 소유할 수 있다는 환상이 우리를 덮고 있어요. 마치 '돈=행복'의 공식이 성립되는 듯하죠. 그래서 많은 사람은 돈을 내고 자신이 원하는 행복을 사려 합니다. 기업과 마케팅 업체들은 이런 욕망을 자극하는 각종 마케팅으로 환상을 팔아 소비자의 돈을 긁어모으죠. 안타깝게도 이런 부분에서 우리나라는 아직 규제가 약해요. 그래서 마케팅 방식은 위험 수위에 이르고 있죠.

마케팅의 중심에 선 10대

여기서 잠시 멈춰 생각해 보았으면 해요. '나는 지금 정말 행복을 사고 있을까?' 부모님을 졸라 산 비싼 패딩 점퍼, 최신 스마트폰, 방학에 한 쌍꺼풀 수술이 나를 지금도 계속 행복하게 해 주나요? 만일 그렇지 않다면 우리는 '이것만 사면, 입으면, 쓰면 행복해집니다'라는 거짓말에 속고 있는지도 모릅니다. '돈'이라는 중요한 수단으로 무엇을 할지 스스로 결정할 권리를 빼앗긴 채, 막연한 불안과 감성적 설득에 이끌려 '내가 원하는 것'이 아닌, '그들이 원하는 것'을 사고 있는지도 모르죠. 거기엔 누구보다 사람을 잘 알게 된 심리학의 힘이 있습니다.

이제 마케팅의 영역에 심리학은 매우 깊숙이 들어가 있어요. 그리고 사람들이 돈을 쓰게 하는 가장 강력한 힘으로 작용하고 있죠. 그러나 돈을 벌 목적으로 사람들이 삶의 균형을 잃고 병들 만큼 해로운 심리적 장치들을 활용한다면, 그것을 규제할 힘 또한 필요해요. 그 힘은 바로 소비자인 우리 자신에게서 나와야 한답니다. 어떤 심리적 장치 때문에 내가 '돈을 쓰겠다'는 생각을 하게 되는지. 그리고 나를 보호할 방법은 무엇인지. 내가 진정 원하는 것을 선택할 힘을 길러야 해요.

소외당할까 두려운 마음, 남에게 뒤처진 혐오스러운 존재가 될까 봐 두려운 마음이 얼마나 강력한 구매 동기가 되는지 이미 기업은 잘 알고 있죠. 우리의 뇌에서 공포는 가장 본능적이고 민감한 반응이에요. 여러 위협에 대비하고 생존하려면 가장 중요한 감정이기 때문이죠. 그래서 이성적 판단도 공포 앞에선 무용지물이 되곤 합니다.

홈쇼핑, 각종 쇼핑 딜에서 "몇만 개 판매", "주문 폭주"를 강조하고 "매진 임박", "종료 시각이 얼마 남지 않았습니다." 같은 표현을 크게 쓰는 이유도 여기 있습니다. "몇만 개가 팔렸고, 주문이 폭주하고 있다"는 정보는 '많은 사람이 이걸 원하고 이미 갖고 있어'라는 메시지

를 줍니다. '많은 사람이 사는 걸 보니 좋은 제품이구나'라는 신뢰가 '동료 압박 효과'로 순식간에 생기죠. 그런 물건이 "매진 임박"이면 모두가 가진 것을 나는 갖지 못할지도 모른다는 불안이 자극돼요. 그리고 그 자극은 고대부터 생존에 위협이 되어 온 감정, 즉 '소외감'을 일으킵니다. 물론 전혀 이성적 판단이 아니지만, 생존에 대한 불안은 그 물건을 사게 하고야 말죠.

10대는 모든 연령대 중에서 동료 압박에 가장 취약해요. 그 이유는 청소년기가 일생 중 가장 자존감이 떨어지는 시기이기 때문이죠. 10대는 어떤 때보다 다른 사람을 통해 자신을 확인하길 갈망하게 됩니다. 페이스북, 인스타그램 같은 소셜 네트워크를 이용한 마케팅이 10대를 비롯한 젊은 층에 큰 힘을 발휘하는 이유도 이 때문이에요. 소속감을 원하는 사람의 본능을 아는 기업들은 갈수록 소셜 네트워크 마케팅을 강화합니다. 내 친구가 '좋아요'를 누른 걸 알면, 나도 그걸 같이 좋아한다는 소속감을 공유하고 싶어집니다. 그래서 나도 '좋아요'를 누르죠. 그렇게 '친구'의 설득을 활용한 홍보가 들불처럼 번져가게 됩니다.

많은 10대가 비싼 브랜드 옷이나 최신 스마트폰 때문에 부모와 갈등을 빚곤 합니다. 그러나 이런 것을 요구할 때 청소년이 정말 원하는 일은 단지 그 물건이 아닌 자존감을 높이는 일이죠. 그 '멋진 브랜드'를 통해 자신의 자아가 근사하다고 확인하고, 다른 친구들에게 멋진 친구로 인정받고자 합니다. 미네소타 대학에서 연구한 결과를 보면 “무엇이 나를 행복하게 하는가?”라는 질문에 자존감이 높은 청소년일수록 성취와 친구들과 함께하는 활동 등 비물질적인 단어를 선택하고, 자존감이 낮은 청소년일수록 유명한 옷 브랜드나, 아이팟 같은 소유적이고 물질적인 단어를 선택했다고 해요. 그리고 그 제품을 소유하고 사용하면 더 인기가 많아지고, 자신감 넘치고 개성적인 ‘행복한 나’가 된다고 믿는 비율도 높았죠.

오늘날 기업은 10대를 대상으로 한 마케팅에 집중하고 있습니다. 더 정확히는, 마케팅의 대상 나이를 갈수록 낮추어, 좀 더 어릴 때부터 브랜드에 노출되게 하고 그 브랜드를 멋지다고 느끼도록 힘쓰고 있죠. 아직 스스로 돈을 벌지도 못하는 나이인데 이상하죠? 그러나 기업은 청소년이 부모를 설득하는 능력이 무척 뛰어나다는 걸 잘 압니다. 기업이 직접 부모를 설득하지 않아도, 그 자녀 세대가 어떤 브랜드를 ‘멋지다’고 느낀다면 어떻게든 부모의 지갑을 열게 하니까요. 웬만한 어른에게도 비싼 등산복 브랜드의 모델에 인기 아이돌 그룹을 기용하고, 최신 핸드폰은 늘 젊은 스타가 광고하는 이유가 여기 있습니다.

연구에 의하면, 7세 정도부터 어떤 브랜드에 대한 취향과 가치가 뿌리내린다고 해요. 심지어 아기가 엄마 배 속에 있을 때 양수를 통해 흡수된 음식 맛을 기억하고, 평생 그 제품을 좋아하게 된다는 연구 결과도 유명하죠. 어떤 브랜드를 더 어릴 때 접할수록 그 제품 선호도는 높아지고, 평생 그 제품을 사용할 가능성은 급격히 커집니다.

그래서 유명 브랜드는 앞다투어 키즈, 주니어 라인을 만들고, '수험생 특전' '성년 축하' 등의 구실을 붙여 다양한 선물과 각종 쿠폰, 혜택을 제공하죠. 순수하게 여러분을 격려하려는 기업의 선한 마음씨가 아닙니다. 감성적이고 직관적인 학습이 민감하게 이뤄지는 청소년기에 자기 브랜드를 한두 번만 써 보면, 여러분이 평생 그 브랜드를 계속 사용할 확률이 무척 높아지기 때문이에요. 이미 소비자 심리학과 인지 심리학, 신경 과학은 인간 무의식에 관한 엄청난 양의 정보를 기업에 제공하고 있어요. 예를 들어, '질레트'라는 기업은 소년 시절에 질레트 면도기를 두 번 사용할 경우, 성인이 되어서 그 브랜드 제품을 계속 사용할 확률이 92퍼센트에 달한다는 통계를 갖고 있어요.

많은 담배 회사가 공식적으로 말하진 않지만, 10대에 흡연을 시작하면 일생 담배 끊기가 훨씬 어렵다는 사실을 알고 있습니다. 미국에서 공개돼 큰 파문을 일으킨 다국적 담배 회사들의 내부 문건을 보면, 담배 회사는 그들의 주 공략층이 10대라고 명시했어요. 현재 전체 흡연자 중 88퍼센트는 10대 때 담배를 피우기 시작한 사람들이라고 하죠. 그래서 담배 광고는 돈을 얼마를 주고서라도 접근성이 가장 좋고 반드시 시선이 닿는 계산대에 설치합니다. 광고 이미지를 만들 때도 10대가 가장 '멋지다'라고 느끼는 색의 배합과 이미지를 고도로 계산해서 적용합니다. 세계적 기업인 애플이 지금의 위상을 갖게 된 데에도 10대 공략 마케팅이 큰 역할을 했습니다. 그 결과 10대 사이에서 아이팟은 '멋진 친구라면 당연히 가진 물건'이 되었고, 그들은 성인이 되어서도 강력한 '애플 마니아'가 되었죠.

미모는 권력이다

원래 교통사고나 화상 등으로 심각한 손상을 입은 환자가 본래의 모습을 찾도록 재건하는 수술로 개발된 것이 성형 수술입니다. 그러나 이젠 건강하고 아무 문제가 없는 정상인이 더 예쁘다고 믿는 모습으로 외모를 바꾸는 데 사용하죠. 그리고 이런 예뻐지려는 열망은 괴물처럼 성장해 이젠 외국에서 성형 수술 관광까지 오는 엄청난 규모의 시장이 되었어요. '돈으로 원하는 미모를 얻을 수 있다'는 믿음은 인간을 자유롭게 만들어 주는 듯하지만, 실상은 반대 효과가 더 크게 나타나고 있습니다. 다른 사람의 눈으로 자신의 가치를 확인하려는 불안정한 모습이 있기 때문이죠. 그래서 성형으로 느끼는 만족감과 행복은 오래가지 못하고, 원하는 반응이 돌아오지 않으면 다시 불안에 휩싸이게 돼요. 성형 산업은 이런 두려움을 적극적으로 활용하고, 강화합니다.

화려하게 꾸민 미인 사진 옆에 적힌 "아름다운 인생을 원한다면"이라는 문구나 "삶을 리모델링하다"라는 문구를 그리 어렵지 않게 보는 세상이 되었죠. 거기엔 성형 전후 몰라보게 달라진 비교 사진이 함께 실려 있기도 합니다. 화장기 없고 무표정한 시술 전 사진에 비해 변화된 모습은 한결같이 표정이 밝고 자신감이 넘치며 행복해 보이죠. 물론 화장 및 각종 촬영 기법과 포토샵까지 동원돼 최대한 자연스럽고 근사하게 수정된 사진이지만요. 이 광고들이 공통으로 하는 말이 무엇일까요? '성형하면 얼굴뿐 아니라 인생을 바꿔 준다'는 말입니다. 이젠 남성도 이런 압박에서 자유롭지 못하죠.

'예쁘지 않으면 원하는 행복을 얻지 못한다'라는 무서운 협박이 깔린 이 광고들은, 마치 외모가 행복의 필수 조건인 듯 느끼게 해요. 그리고 수술만 하면 나도 광고 전, 후 사진처럼 극적으로 달라질 것만 같죠. 그 거짓말에 속아 수술대에 누웠다가 수술 전보다 더 고통받는 삶을 사는 사람이 얼마나 많은지 성형 산업은 절대 말하지 않아요. 게다가 사회에는 "뚱뚱하니 게을러 보인다. 살 좀 빼고 와라"거나, "못생긴 주제에 나댄다", "취업하려면 얼굴 좀 고쳐야겠다"는 등의 말을 아무렇지 않게 하는 무례한 사람들이 넘쳐 나고 있어요. 이렇게 비교와 평가가 난무하는 외모 지상주의 사회에서 있는 그대로의 자신을 사랑하기란 무척 어려워요. 이런 사회 분위기에 힘입어 성형 산업은 당당히 사람들의 열등감과 불안을 자극하는 노골적인 공포 마케팅을 쏟아내죠. 이런 압박이 얼마나 강한지, 우리나라는 어느새 전 세계에서 성형 수술을 가장 많이 하는 나라가 되었어요. 그리고 성형 중독에 빠지는 사람도 늘고 있죠. 더 우려되는 건 신체 추형 장애도 크게 늘고 있다는 사실이에요. 이 장애는 실제로 외모에 큰 결점이 없고 자연스러움에도, 자신의 외모에 심각한 결점이 있다는 강박적 생각에 사로잡히는 질병이에요. 많은 경우 외모를 고치려고 성형 수술이나 피부과 시술에 중독되지만, 이런 시술로 결코 만족감을 얻지 못해요. 안타깝게도 우리나라 10대 사이에 폭발적으로 늘고 있죠. 혹독한 다이어트로 거식증이나 폭식증을 동반하기도 해요.

뜻밖에 자신의 외모에 대한 만족도가 가장 낮은 직업군이 모델이라는 통계가 있어요. 게다가 성형은 뼈를 깎거나 인공 보형물을 집어넣는 등 얼굴에 인위적인 변형을 가하는 일이에요. 한번 하면 돌이킬 수 없는 과정이죠. 수술 부위가 클수록 많은 표정 근육이 손실되고 어색한 얼굴이 되어 갈 수밖에 없어요. 그러니 정말 신중해야 해요.

요즘 성형 수술을 갈망하는 10대를 보면 걱정스러워요. 청소년기는 자존감, 정체감이 불안정해서 쉽게 눈으로 확인되는 외모, 패션으로 서로를 평가하는 경향도 어느 때보다 크죠. 그래서 2차 성징으로 급격한 변화를 거치느라 한창 불안정한 자신의 외모를 보며, '나는 예쁘지 않다'고 괴로워해요. 그리고 고도로 조형된 인기 스타들의 모습과 비교하며, 그들처럼 생겨야 사랑받는다는 강박 관념을 느끼죠. 그러나 연예인은 외모 자체를 상품으로 삼기에 철저히 관리된 상태에서 방송에 나와요. 아이돌 가수는 컴백을 앞두고 집중적으로 다이어트를 하고, 일주일에 2~3일을 운동과 피부 관리, 병원 시술 등 각종 외모 관리에 투자해요. 거기에 TV에 등장할 때는 영상 매체에 맞춘 전문 메이크업을 하고, 스타일리스트가 심혈을 기울여 선택한 가장 날씬하고 매력적으로 보일 만한 무대 의상을 입어요. 조명과 화면의 보정까지 받아 등장한 그들의 모습은, 있는 그대로의 내 외모와 결코 동일 선상에서 비교할 수 없죠. 이 모든 것이 '스타'라는 상품을 만들어 내기 위한 치밀한 제작 과정이에요.

부모를 졸라 채 완성되지도 않은 얼굴에 손을 대는 청소년이 많아요. 20~25세 정도면 골격도 완성되고, 성인의 몸으로 안정되어서 지금의 모습과는 비교되지 않을 만큼 멋지고 독특한 매력을 가진 자신을 만날 텐데요. 사람의 외모는 일생에 걸쳐 여러분의 상상보다 훨씬 많이 달라진답니다. 나이가 들수록 근사해지는 사람도 많죠. 불안정함을 견디며 통과해야 하는 10대에게는 '외모'로 사랑받는 일이 너무나 큰 매력으로 다가옵니다. 그러나 기억해 주었으면 해요. 역설적이지만, 자존감이 가장 불안정한 이 시기가 일생 중 가장 자존감을 높일 기회이기도 해요. 불안정함은 유연함의 표현이기도 하니까요. 그러니 마케팅의 물결에 밀려 '남이 원하는 나'를 선택하기 전에 '내가 원하는 나' 찾기를 포기하지 말기를, 꼭 부탁해요.

원하는 삶을 입으세요

10대에 강력한 영향력을 미치는 또 하나의 산업인 패션 산업은, '유행'이라는 단어에 가장 민감한 곳이기도 해요. 브랜드와 유행하는 디자인은 10대 사이에서 마치 언어처럼 나를 표현하는 중요한 수단이 됩니다.

그 이유는 패션 산업이 '옷'이 아니라 '삶의 이미지'를 파는 일이기 때문이에요. '복고'라는 단어로 많이 설명되는 패션의 순환 현상도 이 때문이죠. 유행은 우연히 형성되지 않아요. 패션 마케터들은 지금 시대 사람들이 겪는 어려움을 분석합니다. 그리고 지금 가장 결핍된 사회적 욕구가 충족되었던 과거의 시대를 주목하죠. 예를 들어, 요즘은 취업이 어렵고 미래가 불안정해요. 돈을 많이 벌기는 갈수록 어렵고 성공 신화가 힘을 잃어 가는 시대이죠. 그래서 요즘에 다시 유행하고 있는 패션은 1980~90년대 스타일입니다. 산업 발전이 활발하고 직업이 많이 생겨나 누구든 일하고자 하면 일자리가 있었던 시대, 열심히 하면 돈이 모이고 원하는 삶도 살던 안정되고 풍요로운 시대로 돌아가고 있죠. 사람들은 현재가 힘들수록 무의식적으로 편안하고 행복했던 과거, 어린 시절의 경험을 그리워하고 그때 친숙했던 것을 찾는다고 해요. 그 시대의 스타일을 입으면서 그때의 풍요와 안정된 삶을 느껴 보려는 사람들의 무의식을 자극하는 마케팅, 이런 방식을 향수 마케팅이라 불러요. 이런 마케팅은 패션뿐 아니라 음악, 식품, 문화 산업 전반에 이르기까지 강력한 힘을 발휘하죠. 특히 사회가 어렵고 삶이 불안정할수록 향수 마케팅은 큰 성과를 거둔다고 해요. 이렇듯 패션은 단순히 예쁘고 실용적인 옷이 아니라, 사람들이 원하는 삶의 이미지를 팝니다.

유명인이나 배우, 인기 아이돌이 입은 옷이 유행하는 일도 비슷한 이유예요. 사실 그 옷은 '옷'이 아니라 내가 살아 보고 싶은 유명인의 '삶의 이미지'죠. 그들처럼 근사한 외모를 가진 사람이 되어서 멋지게 노래하고 연기를 하는 나, 마음껏 사랑받으며 성공한 풍요로운 삶을 누리는 나가 되어 보고 싶은 마음은 누구에게나 있어요. 그 마음을 자극하고 강화하는 '유명인 마케팅'은 기업이 막대한 돈을 벌어들이게 해주죠. '아름다워지려면 그들처럼 되어야' 하는 미의 획일화 시대에는 '유행'이 강력한 힘을 발휘합니다. 자신에게 그 스타일이 잘 어울리는지는 이 유행의 흐름에 올라탄 순간 별로 중요하지 않아요.

유명인 마케팅이 해로운 점은 나와 연예인을 비교하는 열등감과 수치심을 그 동력으로 삼는 데 있어요. 이런 판단 기준으로 자신을 보면 자꾸 '누구처럼' 되어야 해요. 외모를 판단할 때도 '누구보단 예쁘다, 누구를 닮았다'는 비교를 끊임없이 하게 되죠. 한창 성장기인 10대가 연예인 몸매를 따라가려고 극단적인 다이어트를 하거나, 44 사이즈에 몸을 맞추려고 거식증 카페에 가입하는 등의 일이 점점 많아지고 있어요. 실제론 다이어트를 시작하는 나이가 어릴수록 요요가 오기 쉬운 체질이 되고, 10대에 시작한 다이어트는 5년 후 비만이 될 확률을 세 배나 높이는데도 말이죠. 유명인 마케팅이 10대의 신체적, 정신적 건강을 위협하는 지경에 이르렀지만 보호 장치는 거의 없는 게 현실이죠.

기업은 오늘날 한국 사회에서 가장 큰 영향력을 가진 사람이 바로 연예인임을 잘 알아요. 그래서 그들과 계약을 맺어 매체에 노출될 때마다 자사의 제품을 입고 사용하게 합니다. 그러면 그 제품은 '유명인의 삶'의 이미지를 입어 순식간에 가치가 높아지니까요. 예를 들어, 기자가 우연히 잡아낸 듯 찍힌 사진 속에 자연스럽게 놓인 핸드폰, 물병, 가방이나 신발, 옷 등은 우연히 거기 있는 것이 아닙니다. '공항 패션'이나, '파파라치 컷'들을 인터넷에서 많이 봤죠? 이런 전략으로 우리나라에서 유명 브랜드로 자리를 잡은 기업은 헤아릴 수 없죠. 패션 산업은 유명인의 이미지와 이미 떼려야 뗄 수 없는 관계입니다.

이제 인기 많은 연예인은 그 자체로 하나의 브랜드가 되어가고 있어요. 유명인 마케팅이 강력해질수록 그 유명인의 이미지를 관리하는 일도 그만큼 중요해지죠. 그 사람의 이미지가 어떻게 변하느냐에 따라, 한 기업의 손익이 결정되기도 하니까요. 여기서 문제가 되는 일은, 그들의 실제 삶이 보이는 이미지와 다르다는 점이에요. 연예인은 대중의 욕망, 기대, 꿈이 투사된 존재예요. 대중이 원하는 사람이 되어, 보기 원하는 삶의 이미지를 보여 줘야 살아남는 직종이죠. 이렇게 사람들의 투사와 이상적 기대로 생기는 유명인의 신비감을 바로 '픽시 더스트pixie-dust'라고 해요. 이런 신비한 이미지는 저절로 만들어지지 않습니다. 여러 전문가의 치밀한 관리와 연출로 만들어지죠. 사실 연예인도 우리와 똑같이 신체에 결점도 있고, 트림하거나 화장실도 가요. 열등감도 많고, 어리석은 실수를 하기도 하고, 못된 성질을 부리거나 비굴해지기도 하죠. '평범한 사람'입니다.

자연스러워 보이는 모습이 적절히 드러날 때는 대중의 친근감을 더 높여 주지만, '평범함'이 적나라하게 드러나면 그 순간 신비로움은 사라지고 인기를 잃고 말아요. 그래서 연예인은 이 친밀함과 신비감의 절묘한 균형을 계속 유지하려고 노력합니다. 유명인의 이미지 및 브랜드를 관리해 주는 자문 심리학 분야도 있죠. 이렇게 대중에게 적절한 신비감을 계속 유지할 때, 그들의 선택은 대중에게 강력한 힘을 발휘합니다. 그 모습이 자연스러운 순간처럼 보일수록 더 효과적이죠. 우리나라 정부에서도 한식 세계화 사업 홍보를 위해 이런 마케팅을 시도했어요. 여배우 브룩 실즈가 마트에서 고추장을 손에 들고 한국 식재료를 사는 모습이 찍혀 미국 주간지 기사로 난 적이 있죠. 그 당시 우리나라에서도 '브룩 실즈가 한식 팬'이라며 기사가 쏟아져 나왔습니다. 그러나 그 사진은 그녀를 비롯한 서너 명의 배우에게 3억 2000만 원가량의 광고비를 주고 연출한 모습이었어요. 물론, 브룩 실즈가 정말 한식을 좋아하는지는 알 길이 없죠.

연예인은 매력적이고 아름다운 사람들이지만, 그들의 이미지는 만들어지고 소비되고 있어요. '그들과 가까워지고 싶다, 그들처럼 되고 싶다'는 욕망에 지나치게 휩쓸리다 보면 어느새 우리는 진짜 그 사람과는 상관도 없는 마케팅의 희생양이 되어 있을지도 몰라요. 진정한 팬이 되고 싶다면 우리의 생각보다 훨씬 혹독하고 외롭고 스트레스에 시달리는 그들의 진짜 삶에 좀 더 관심을 가지면 어떨까요?

기업은 당신의 모든 것을 알고 있다

'데이터 마이닝data mining'은 세계적으로 급속히 성장하고 있는 분야이자, 오늘날 기업 마케팅의 핵심 기술이에요. 원래 통계학의 정보 분류 및 처리 기술이지만 소비자 심리학에 도입되었죠. 소비자의 행동을 추적, 분석하고, 다양한 경로로 수집된 정보를 분류하고 종합합니다. 그래서 그 소비자에게 맞는 전략으로 설득하고 소비를 자극하는 기술로 쓰이죠. 데이터 마이닝을 사용하는 기업은 그 사람의 이름, 나이, 성별부터 좋아하는 취향, 애완동물 유무, 가족 구성원, 지난주에 산 물건 목록까지 모든 정보를 알고 있어요. 그리고 이런 정보로 그 사람이 무엇을 좋아하는지, 어떤 제품 광고에 노출했을 때 더 쉽게 소비하는지 예측해 냅니다. 아니, 뒤를 따라다니지도 않을 텐데 이런 정보를 어떻게 모으냐고요?

여러분이 인터넷이나 핸드폰으로 받아 사용하는 기프티콘이나 할인 쿠폰의 바코드, 각종 사이트와 앱의 약관에는 이런 정보를 수집하는 데 동의한다는 내용이 포함되어 있어요. 인터넷과 스마트폰이 보급되면서 이젠 그 사람의 현재 GPS 위치 정보, 컴퓨터 IP 주소와 접속한 사이트의 쿠키 기록, 검색해 보거나 구매한 모든 제품의 이력을 알아낼 수 있죠. 인터넷에 접속하거나 쇼핑 사이트에 들어가면, 며칠 전 검색해 보았던 제품이 옆에 팝업창으로 떠서 따라다니는 일을 경험한 적 있죠? 아울러 실시간 SNS의 방대한 내용까지 수집, 분류하는 빅데이터 기술이 개발되면서 이제 사이버 환경에서 남기는 개인의 모든 발자국을 추적해 내는 단계에 이르렀어요. 이렇게 모인 정보로 기업은 개인의 프로필을 만들어 갑니다. 구매 이력을 분석하면 이 사람이 10퍼센트 정도의 할인만으로도 구매하는지, 아니면 한정판 행사에 취약한지 알게 됩니다. 최근 사이트 방문 기록을 보면 이 사람이 요즘 어떤 제품에 관심이 있는지 알게 되고, 몇 년간의 데이터는 이 사람이 어느 시기에 소비를 많이 하는지도 알려 주죠. 그렇게 종합한 정보로 여러분이 가장 약해지는 순간에 가장 거부하기 어려운 방식으로 맞춤형 마케팅을 해요. 이런 방식을 '마이크로 마케팅 micro marketing'이라고 하죠. 어딜 가든 "만들어 드릴까요?"라는 말을 듣게 되는 포인트 카드도 여러분에게 할인 혜택을 주려는 순수한 마음이기보다는, 약간의 할인을 조건으로 여러분의 정보를 수집하는 것이 목적입니다. 점점 많은 곳에서 동시에 쓰도록 이런 포인트 카드가 통합되는 이유는, 편의를 제공하는 목적보단 더 많은 기업이 개인 정보를 동시에 활용하려는 목적이 큽니다. 이렇게 여러분의 삶 바로 곁에 데이터 마이닝 마케팅은 이미 다가와 있어요. 그리고 사실상 기업은 우리의 거의 모든 것을 알아 가고 있습니다.

대부분의 마트나 대형 매장의 출입구가 맨 오른쪽에 만들어진 이유는, 수백 개 매장의 데이터 분석 결과 반시계 방향으로 돌면서 쇼핑할 때 사람이 평균 2000원 정도를 더 소비하기 때문이에요. 쇼핑 카트가 갈수록 커지는 이유도 무의식적으로 더 많은 물건을 담게 됨을 알기 때문이죠. 매장 안에 창문과 시계가 없는 이유도, 원하는 물건을 찾기까지 복잡하게 짜인 동선을 따라 움직여야 하는 이유도 우연이 아니에요. 시간의 흐름을 인식하지 못한 채 오래 매장 안에 머물면서 더 많은 제품에 노출되게 하려는 마케팅입니다. 그리고 물건을 찾아가는 과정이 힘들수록 사람은 자신에게 보상을 해 주고 싶은 마음이 강해집니다. 그래서 계획에 없던 물건을 하나 더 살 확률이 올라가죠.

백화점에 설치된 CCTV는 방범 목적으로만 쓰이지 않습니다. 매장 곳곳의 CCTV 영상을 통해 소비자 심리학 전문가는 고객의 동선과 구매 방식, 머무는 시간 등을 분석하죠. 흘러나오는 음악도 그냥 나오지 않아요. '오디오 설계자'들이 데이터 마이닝 자료를 통해 알게 된 주요 소비자층을 공략하도록 설계한 목록의 음악이 흐르죠. 15분에 걸쳐 박자와 분위기가 상승과 하락을 반복하는 방식으로 변하는 이런 설계는 심리적 영향력을 만들어내요. 예를 들어, 백화점이나 마트에서 흘러나오는 노래들은 느린 템포가 많습니다. 그 이유는 박자가 느릴수록 사람들이 느리게 이동하고, 더 오래 머물며 더 많은 물건을 사기 때문이죠. 반대로 패스트푸드나 레스토랑은 손님의 식사 속도를 높이려고 빠른 음악을 틀죠. 음악으로 무의식적인 구매를 자극할 수 있음이 밝혀지면서, 이제는 매장의 구역별로 다른 음악을 틀어서 그 코너에 가까이 가면 다른 소리를 듣도록 하는 전략도 나오고 있어요.

많은 쇼핑 기업은 창고처럼 생긴 '가짜 쇼핑몰'을 만들어 둡니다. 그 내부는 대형 마트나 종합 쇼핑몰과 똑같죠. 여기에 날을 정해 이벤트로 선정한 소비자들을 초대해 쇼핑하게 해요. 그리고 관찰 카메라나 심지어 안구 추적기, 두뇌 스캐너를 동원해 사람들의 움직임과 뇌파를 분석하고 어떤 방식으로 어디에 제품을 진열할 때 가장 매출이 극대화되는지 연구하죠. 우리가 일상처럼 오가는 매장과 구매하는 물건은 어느 것 하나도 그냥 우연이 아니에요.

기업은 우리가 무의식 차원에서 구매 욕구를 자극받고 더 많은 돈을 쓰도록 최선을 다하고 있어요. 이렇듯 마케팅에 강력한 힘인 개인 정보는 곧 돈이 됩니다. 그래서 문제가 계속 지적되고 있음에도 수집한 개인 정보를 팔아넘기는 일이 끊이질 않죠. 여러분은 바야흐로 사생활 보호가 없는 시대를 살고 있어요. 이 상황이 얼마나 중대한 문제를 일으킬지 다 예측하지 못할 정도죠. 기업의 입장에선 한 사람 한 사람이 인격적인 주체가 아니라 '소비자'라는 덩어리의 일부이자 돈을 쓰게 해야 하는 대상입니다. 그래서 윤리적인 논쟁을 일으키는 전략들을 사용하게 돼요. 그러나 선택의 책임은 고스란히 개인에게 돌아오고 있습니다. 각종 서비스에 가입하려고 약관에 동의한 책임, 개인 정보 활용에 동의하는 경품 행사에 응모한 책임, 소비를 결정하고 재정 관리를 잘하지 못한 책임들 말이에요. 첨단 심리학이 마케팅에 도입되기 시작하면서 인간의 합리성과 자제력을 무너뜨리는 고도의 전략들이 사용되는 지금, 인간의 주체성은 기업의 이익과 개인의 책임 사이에서 아슬아슬한 줄타기를 하고 있어요.

갈망을 불어넣는 기업

많은 기업은 소비자가 자신의 브랜드를 보면서 '갈망'을 느끼고 그 갈망을 해소하려고 제품을 사도록 하는 데 최선을 다하고 있어요. 이 '갈망'은 무의식적 반응이기에, '갈망'이 생기면 그 앞에서 인간은 무척 약해지고 말죠. 한 브랜드가 자리를 잡고 확실히 성공하려면 신체적이든 심리적이든 중독 차원으로 넘어가야 해요. 그래서 기업들은 소비자가 더 쉽게 중독되고, 중독이 더 강해지는 다양한 전략을 이미 확보하고 있어요. 예를 들어, 유명 탄산 음료 브랜드의 광고를 보면 늘 상쾌하고 신선한 듯한 탄산 거품이 있고, 그 잔과 병의 겉면엔 정말 차가운 듯 물방울이 맺혀 있죠. 그런데 그 거품과 맺힌 물방울의 양을 얼마나 넣을지 오랫동안 연구하고 회의한다는 사실을 알고 있나요? 소비자가 그 이미지를 보는 순간, 차갑고 자극적인 맛을 떠올리고 마시고 싶다는 '갈망'을 느끼도록 적절한 양을 산출하는 공식 개발도 하죠. 별것 아닌 듯한 이 거품의 양이 실제 제품 판매량에 막대한 영향력을 미쳐요. 그만큼 무의식적인 '갈망'의 힘은 강력합니다.

갈수록 짜고 맵고 단 고지방, 고열량 식품이 많이 나오는 이유도 우연이 아니에요. 기업들은 필사적으로 설탕, 소금, 지방을 같이 집어넣어 사람들이 '맛있다'고 느끼는 비율로 식품을 만들려 애쓰고 있어요. MSG도 '갈망'을 만드는 데 한몫하죠. 짠맛을 감칠맛으로 감싸면 훨씬 많이 먹게 되거든요. 이제 식품 회사의 신제품 개발은 '주방'이 아니라 '실험실'에서 이뤄진다고 말해요. 한번 먹기 시작하면 손을 멈추지 못하게, 계속 찾도록 고안된 실험의 결과물이 오늘 우리가 사 먹는 음식이죠. '설탕, 소금, 지방 복합체'는 코카인만큼이나 중독성이 강하다는 연구 결과가 이미 많이 나와 있어요. 짭짤하고 달콤하면서 바삭하게 튀겨진 음식, 달콤한 고지방 음식은 우리 뇌에 강력한 쾌감 물질인 도파민 분비를 활성화해요. 도파민은 사람을 무척 기분 좋게 해 주기 때문에, 그 수치가 정상으로 떨어지면 다시 수치를 올리는 행동을 반복하려는 패턴이 형성돼요. 그래서 다시 고지방 음식을 찾게 되고, 나중엔 '갈망'을 전혀 조절하지 못하는 상태에 이르죠. 무엇보다 해로운 점은, 이런 자극적인 음식은 도파민이 주는 쾌감 때문에 뇌의 포만 중추를 무력화한다는 사실입니다. 즉, 배가 불러도 먹는 걸 멈추기가 어려워요. 쥐로 실험한 결과를 보면 마약을 먹인 쥐들보다 고지방 복합체를 먹인 쥐들이 뇌의 중독 효과가 일곱 배나 오래갔다고 합니다. 신기할 만큼 똑같은 상승 곡선으로 비민율과 고지방 식품의 비율이 늘고 있지만, 개인의 건강과 체중 관리의 책임은 여전히 개인에게 돌아가고 있죠.

앞서 설명한 도파민 분비 활성화 행동을 반복하려는 경향을 '뇌의 보상 체계'라고 해요. 자연 상태에서 이 보상 체계는 우리가 더 어려운 일에 도전할 의욕과 동기를 갖도록 도와줘요. 그러나 현대인은 지나친 자극 속에 살고 있어요. 예를 들어, 우리가 먹는 고지방, 고열량 음식들은 액상 과당과 각종 정제 가루, 화학 물질과 지방이 인공적으로 합쳐진, 원래 자연 상태에서는 구하지 못할 음식이죠. 자연 상태에서 얻을 수 있는 것보다 더 큰 이런 자극을 '초 정상 자극supernormal stimuli'이라고 해요. 이 자극은 도파민 분비를 비정상적으로 활성화합니다. 그만큼 도파민 수치가 정상으로 떨어졌을 때 다시 수치를 올리려는 충동, 즉 '갈망'도 강해지죠. 음식뿐 아니라 게임, 쇼핑 등 모든 중독은 뇌의 보상 체계 때문에 생겨요.

중독을 이용한 마케팅

게임 산업도 이 보상 체계를 활용하는 대표적인 분야입니다. 개인적으로 게임이라는 문화 예술 콘텐츠를 좋아하지만, 요즘 갈수록 노골적으로 중독 기제를 이용해 돈을 벌려는 일부 기업들은 염려가 돼요. 온라인 게임을 비롯한 대부분 게임은 캐릭터의 성장을 나타내는 레벨과 단계별로 어려워지는 수행 과제가 있습니다. 처음엔 약하고 수수한 캐릭터가 게임을 진행하면서 수행 과제를 통해 점점 레벨이 올라가고, 더 좋은 아이템을 얻는 방식이죠. 단계적으로 레벨이 오르고 목표가 달성될 때마다 게임 하는 사람이 얻는 쾌감은 굉장해요. 특히 간발의 차이로 과제 수행에 실패하거나 희귀 아이템을 얻지 못했을 때 도파민 분비가 최고로 증가합니다. 게임에 더 몰입할 동기를 극도로 높여 주는 거죠. 뚜렷한 목표와 보상을 통한 도전 의식 자극, 또 확실히 달성할 수 있는 단계적인 과제들은 성취감, 효능감, 사냥의 짜릿함 등 큰 심리적 만족감을 줍니다. 원래 자연 상태에선 인간의 발전에 도움이 되는 좋은 감정들이죠. 그러나 현대 사회는 점점 복잡해지고, 현실에서 이런 감정을 맛보긴 갈수록 어려워져요. 하지만 게임은 안정적인 시스템 속에서 뚜렷하고 단순한 방식으로 자신을 확인시켜 주고 확실한 만족감을 줍니다. 갈수록 더 많은 사람이 더 오래 게임을 하는 큰 이유예요.

게임이 보상 체계를 자극하기 아주 쉽다는 걸 기업은 알고 있습니다. 그래서 게임을 만드는 회사는 심리학을 활용해 아이템 획득 확률과 과제 난이도를 절묘하게 조절해요. 고도의 수학적 계산으로 사람의 보상 체계가 가장 활발하게 자극되는 방식으로 게임을 설계하죠. 최근 국내의 많은 게임도 갈수록 레벨 상승 난이도를 어렵게 설정해 아이템, 능력치를 따로 사도록 유도하거나, 현금 결제로만 살 수 있는 한정판 아이템을 내놓는 등 노골적인 마케팅이 심해지고 있어요. 돈을 내야만 더 쉽게 보상 자극을 얻도록 설계를 하죠. 더구나 이런 방식이 아직 자기 조절 능력이 취약한 어린 학생 대상의 게임에서도 심각해요. 단순히 게임 시간을 더 늘리려는 전략을 넘어서서, 게임 속에서 어린 학생들에게 '장사'까지 하는 모습은 인상을 찌푸리게 해요. 과거에 유행했던 비디오 게임 같은 경우는 집약된 스토리와 진행 과정, 그리고 게임을 마치는 엔딩이 있었지만, 이제 온라인 게임은 그런 완결 점도 없이 거의 무한대의 시간을 계속할 수 있어요. 현실로 돌아올 전환점이 없어지고 있죠.

중독에 효과적인 게임 구조를 이제 많은 기업이 마케팅 전략으로 써요. 즉, 다양한 부분에 게임적 특징을 집어넣죠. 경품 이벤트를 플래시 게임, 룰렛 같은 방식으로 만들어 더 많은 사람이 재미로 응모하게 하고, 기업의 브랜드가 자연스레 각인되도록 만든 게임을 무료로 제공하기도 합니다. 각종 소셜 네트워킹 게임은 그 소셜 네트워크 서비스에 더 많이, 오래 접속하게 하는 강력한 동기가 됩니다. 쇼핑 자체를 게임으로 인식하게 하는 시도도 강력하죠. 대표적인 예가

홈쇼핑과 소셜 커머스 사이트예요. 이런 곳은 명품을 비롯한 다양한 제품을 '한정된 시간' 동안 '선착순 500개'만 50퍼센트, 60퍼센트의 높은 할인율로 판매합니다. 제한된 시간 내에 싼값으로 좋은 물건을 획득하는 짜릿함은 게임 속에서 사냥하고 아이템을 획득할 때의 성취감과 비슷해요. 게다가 지금 저렴하게 구매하는 일이 얼마나 현명한 선택인지 끊임없이 강조하고 부추기는 마케팅은 쇼핑하면서 '유능한' 사람이 된 듯한 효능감도 주죠. '타임 세일' 전략, '방문 도장 찍기', '한정된 기간 안에 목표 포인트 모으기' 등은 이미 거의 모든 쇼핑몰이 쓰는 게임 전략입니다. 이제 게임은 소비를 하는 곳 어디서나 볼 수 있어요. 모두 쇼핑과 도파민 보상 체계를 연결하려는 필사적인 전략이죠.

게임만큼이나 뇌의 원초적인 반응을 활용하는 마케팅에는 성을 이용한 마케팅이 있어요. 인간의 생존 욕구와 종족 번식의 욕구는 가장 강력한 본능이에요. 그래서 인간은 벗은 몸을 발견하면 반드시 시선이 가도록 만들어져 있습니다. 이건 남녀 차이나 성욕과도 상관없는 자동적 반응이죠. 노골적으로 벗은 몸뿐 아니라, 성적인 암시는 인간의 무의식에 강력한 힘을 발휘해요. 뇌가 민감하게 그 정보를 주목하고 기억하거든요. 그래서 마케팅 업계는 오래전부터 이 전략을 써 왔습니다. 왜 청바지 광고에 모델이 상의를 벗고 나오는지, 자동차 광고에는 관능적인 여성이 등장하는지 이유가 궁금하지 않나요? 사람들의 시선을 잡아끄는 가장 효과적인 방법이기 때문이에요. 동시에 그 광고들은 이런 메시지를 암시해요. '이 청바지를 입으면 이 모델처럼 섹시해 보일 수 있다.' '이 차를 타면 이런 섹시한 여성을 만날 수 있다.' 물론 말도 안 되는 거짓말이지만, 사람들은 무의식적으로 이 정보를 받아들입니다. 그리고 그 메시지와 함께 그 브랜드를 기억하죠. 이런 성 마케팅이 지금도 이어지는 까닭은 놀랍도록 효과적이기 때문이에요.

기업은 더 많은 이익을 얻으려고 인간의 합리성을 무력화하고 감성적인 '갈망'으로 제품을 사도록 전략적으로 노력합니다. 소비자의 '중독'은 기업 입장에선 큰 이익이 돼요. 물론 노골적으로 말하진 않지만 말이죠. 아예 제품 자체에 중독 물질을 넣는 경우도 있습니다. 커피, 콜라와 카페인 음료, 담배, 술이 대표적이죠. 카페인과 니코틴,

알코올이 중독 물질임은 대부분 사람이 알고 있어요. 특히, 최근 유행하는 고용량 카페인 음료는 과용할 경우 위험해요. 카페인은 우리 몸 안에서 각성제 역할을 합니다. 너무 많은 양이 몸 안에 들어오면 쇼크가 올 수도 있죠. 초콜릿, 커피, 탄산음료 등으로 우리가 하루 동안 먹는 카페인 양은 만만치 않아요. 이미 카페인 중독 시대에 접어들어 있죠.

이런 중독적 소비에 한 몫을 담당하는 또 하나의 산업은 신용 카드예요. 신용 카드는 사람들이 '갈망' 앞에서 갈등할 때 훨씬 쉽게 소비하도록 합니다. 직접 현금을 낼 때보다 훨씬 '손실 혐오'를 줄여 주기 때문이죠. 인간은 누구나 생존을 위해 필요한 것은 저장하고 아끼려는 본성을 갖고 있습니다. 현대에선 그건 '돈'이죠. 현금을 낼 때는 내 눈앞에서 돈이 상대에게 넘어가고 그만큼 내 지갑의 돈이 줄어듦이 보여요. 이렇게 자신의 소유를 잃게 될 때 인간의 두뇌는 일종의 '고통'을 느낍니다. 그래서 그런 손실을 주는 활동을 줄이려는 제어 장치가 작동하죠. 그러나 신용 카드는 건네고 결재한 후엔 다시 돌려받아요. 심지어 사이버 결제나 스마트폰 앱을 이용한 결제는 주고받는 과정조차 거치질 않죠. 실제로 가진 돈이 줄어드는 건 똑같지만, 뇌의 '손실 혐오' 자극이 작동하질 않아요. 그래서 소비 중독 사회는 반드시 신용 카드 산업이 함께 성장합니다. 기업이 기꺼이 신용 카드 결제 시스템을 만들고, 각종 할부 행사를 적극적으로 하는 이유도 이 때문이죠. 신용 카드는 더 많은 소비를 가져오니까요.

이렇듯, '정말 필요한 것을 사는 활동'이던 '쇼핑'의 본질을 흔드는 자극과 장치들은 이미 넘쳐나요. 각종 매체와 광고는 말하죠. "사랑받고 싶다면 사라", "예뻐지고 싶다면 사라", "행복해지고 싶다면 사라"고. "네가 가진 물건이 곧 너의 가치를 말해 준다"고. 이런 압력과 폭력적 메시지 속에서, 그들이 '사라'고 말하는 것이 아닌 내가 원하고 필요한 것만 사려면 심리적 면역력과 성숙이 필요해요. 이미 살펴보았듯, 기업은 우리가 주체적 판단을 하길 원하지 않아요. 기업들은 큰 비용을 들여 마케팅 전략을 짜고 광고를 하며, 우리가 감성적인 설득에 넘어가 자기 브랜드를 '갈망'하게 되기를 간절히 바랍니다.

소비 시장의 진정한 주인

기업의 감성적인 설득은 이미 '무의식' 차원에서 이뤄지기 때문에, 우리가 소비의 주인이 되려면 '자극 다이어트'가 필요해요. 세상과 담을 쌓을 필요는 없지만, 이런 자극 앞에서 인간은 무력해진다는 사실을 기억해야 해요. 그러니 '물건을 살 것인가 말 것인가'의 단계에서 주체성을 발휘하려 하기보단, 그전에 '얼마만큼 자극받을 것인가'의 단계에서부터 주체적 고민을 해 보았으면 좋겠어요. '최신의, 세련된, 고급스러운, 인기 있는, 유행하는' 삶을 좇아가려는 욕망에서 한 걸음만 내려온다면, 내가 정말 원하는 것이 무엇이고 내 취향이 무엇인지 더 발견하기 쉬워집니다. 그리고 원하는 수준의 자극을 한번 고민해 보세요. 예를 들어 온갖 수치심, 죄책감, 두려움을 자극하는 광고가 쏟아져 나오는 TV를 온종일 틀어 놓는 대신, 인터넷 다시 보기 서비스로 내가 좋아하는 프로그램만 보는 선택을 할 수도 있죠. 게임도 종류를 정해서 추가 결제를 하지 않는 선에서 적당히 즐긴다는 선택을 해볼 수도 있어요. 이렇듯 내가 정말 살고 싶은 삶의 모습과 연결해서 깊이 고민해 본다면 자극의 양을 조절하게 돼요.

만일 정말 사고 싶은 물건이 생긴다면, '마감 임박, 한정 수량, 타임 세일'이라는 문구들은 싹 잊어버리세요. 반드시 어딘가에서는 비슷한 가격으로 살 방법이 있어요. 대신 그 물건을 놓고 정말 살지를 고민하는 시간을 가져 봐요. 저는 개인적으로 3일~1주일간을 고민의 시간으로 정했어요. 최소 3일 정도 그 물건을 놓고 정말 내게 필요한지, 정말 내가 갖고 싶은지 아니면 마케팅에 흔들린 것인지 생각해 봐요. 정말 원하는 물건이 아니면 3일간 생활하면서 살 마음이 없어지거나 자연스레 잊히기도 해요. 만일 좀 비싼 물건이라면 그 물건을 살 돈을 마련할 계획을 세워 봐도 좋아요. 물론 부모님을 졸라 카드 할부로 사는 방법은 빼고 말이죠.

아직 잘 쓰는 제품이 있는데 신제품을 사고 싶다면 그 물건은 얌전히 구매 목록에서 지우기로 해요. 지금 마케팅의 유혹에 빠진 상태니까 말이죠. 그 물건을 사고 싶은 이유는 '필요해서'가 아니에요. 그 물건이 날 좀 더 행복하게, 멋있게, 인기 있게 해 줄 듯한 감성적 '갈망'

에 넘어간 거죠. 그렇게 되면 한 계절 안에 다 입지도 못하는 옷들이 옷장에 쌓이고, 핸드폰 요금 때문에 부모님과 괜한 갈등을 겪게 되고, 자신은 점점 뭔가를 사야만 행복한 사람이 되어가요.

기업은 행복이 외부 저 어딘가에 있다고 말해요. 자기 제품을 사면 그것을 얻을 듯이 말하지만, 진정한 행복은 우리 자신과 우리의 삶 안에서 옵니다. 아무리 많은 물건이 쌓여도 그것이 주는 만족감은 잠시뿐이에요. 그래서 '중독'은 계속되죠.

사람이 정말 행복할 때는 이런 순간들이에요. 자신의 모습을 좋아하게 될 때, 소중한 사람과 유대감을 나눌 때, 자신이 의미 있는 일을 하고 있다고 느낄 때 등이죠. 무언가 갖춰져 있어야만 사랑받고 행복할 듯한 마케팅의 거센 폭풍 속에서, 흔들리지 않고 자신을 지킬 힘은 바로 일상의 행복에서 나와요. 심리적 면역력이 높은 사람이 바로 행복한 사람입니다. 행복감을 많이 느낄수록 남들에게 인정받으려 애쓰지 않고, 있는 그대로 자신을 사랑하며, 자신이 원하는 삶을 살아갈 힘이 생기죠.

더는 내 삶의 행복을 외부의 폭력적인 기준과 조건에 맞추지 말아요. 행복의 주체인 내가 스스로 행복하지 않다면, 그 어떤 물건도 성형 수술도 날 행복하게 만들지 못해요. 돈은 여러분의 소중한 '선택의 기회'와 '자원'이기도 해요. 그것을 어떻게 쓸지 그 권리와 책임은 여러분에게 있어요. 소비자인 우리가 마케팅의 희생양이 되어 기업이 원하는 대로 소비한다면 기업은 더는 소비자를 두려워하지 않게 되요. 소비자가 주체가 되어 원하는 것을 선택하기 시작할 때 기업은 소비자가 추구하는 가치를 신경 쓰고 소비자의 요구에 귀 기울이기 시작해요. 기억해요, 기업이 벌어들이려는 돈의 주인은 소비자인 '나'임을. 이 거대한 소비 시장의 진정한 주체는 바로 소비자인 여러분이에요.

궁금해요!

게임에 중독되지 않으려면 어떻게 해야 하나요?

많은 청소년이 게임을 계속하는 이유 중 하나가 '심심해서'입니다. 요즘 청소년은 친구들과 어울려 놀기가 쉽지 않죠. 학교 마치고 운동장에서 축구라도 한 경기 뛰고 싶어도 친구들은 각자 학원 가느라 바쁩니다. 오죽하면 '친구를 사귀려면 학원엘 다녀야 한다'는 말까지 있으니까요. "할 게 없으면 공부하면 되지 않냐"라고 말하는 태평한 어른들도 있지만, 그건 엄연히 다른 문제죠. 힘들게 공부하느라 쏟았던 에너지와 받은 스트레스를 회복하고 생기를 되찾기 위한 다양한 활동이 청소년에겐 필요합니다. 그런데 요즘의 사회 환경은 정말 청소년이 '놀 게' 없는 문화입니다. 마음껏 몰려다니며 놀 공간도 많지 않고, 어른들 눈치 받지 않고 마음껏 할 만한 놀 거리는 더욱이 없습니다. 서로 학원 마치는 시간도, 해야 하는 숙제 양도 다르고, 대부분 사이버 공간에서만 만나는 청소년이 그나마 함께 할 만한 일이 뭘까요? 함께 있다는 소속감, 서로 협력하거나 경쟁하며 놀이를 즐기는 쾌감, 공동의 목표를 위해 노력하며 느끼는 성취감을 얻을 만한 일 말이죠. 어른들 눈에 잘 띄지 않아 괜한 꾸중 듣지 않을 환경이면 더 좋죠. 이래서 요즘 피시방은 청소년들에게 최고의 놀이터가 되었습니다. 그리고 인기 게임은 친구들과 더 친해질 공통의 화젯거리가 되죠. 집에서 열심히 레벨을 올린 캐릭터는 함께 게임 할 때 친구들에게 도움도 되고, 인정도 받습니다. 자, 이래도 게임을 하지 않을 청소년이 있을까요?

게임은 인간이 현실에서 얻기 어려운 성취감, 보람, 전율과 자부심을 줍니다. 그런데 게임을 한번 시작하면 인간의 뇌는 쉽사리 "이만하면 충분해"라고 얘기해 주지 않죠. "조금만 더 하면 네가 원하는 만족감을 얻게 돼"라는 게임의 메시지는 사실 끝나지 않는 거짓말입니다. 게임 창을 닫고 컴퓨터 앞에서 일어나기 어려운 이유가 바로 여기 있죠. 성인보다 훨씬 예민하고 불안정한 뇌를 가진 청소년이 이런 중독 기제를 이기고 조절하는 일은 무척 어렵습니다.

게임의 수렁에 완전히 빠지지 않으려면 날 심심함에서 해방해 줄 현실의 다양한 '놀이'가 있어야 합니다. 공부를 더 열심히 하는 일로는 게임 중독을 이기지 못하죠. 도리어 스트레스와 긴장감을 잊으려 쉽게 '몰입감'을 주는 게임에 더 매달릴 수도 있어요. 게임은 현실의 고통에서 잠시나마 날 분리해 주니까요. 게임 세계 안에서는 난 유능한 전사, 착실히 성장해 가는 성공적인 캐릭터죠. 현실에 스트레스가 많을수록 게임의 매혹은 더 강해집니다.

'오감'을 사용하는 현실 세계의 재미있는 활동만이 게임 중독을 예방합니다. 좀 더 간단히 말하자면, 게임과 컴퓨터를 사용하는 일 외에 신 나게 몰입할 만한 취미와 스트레스 해소 전략을 만들어 보는 거죠. 친구들과 놀 때도 직접 얼굴을 보고 함께하는 활동을 만들면 좋습니다. 함께 보드를 타거나, 운동하거나, 뭔가 만들거나, 영화를 보러 가도 좋죠. 심지어 함께 아이돌 팬 활동을 하는 일도 괜찮습니다. 게임이 아닌 현실 세계에서 직접 몸으로 느끼고 소통하며 해볼 만한 즐거운 일은 무엇이든 도움이 됩니다.

내가 스트레스를 느낄 때 그걸 풀 만한 다른 활동이 없어서, 심심할 때 노는 방법을 몰라서 습관처럼 게임을 하는 청소년이 많습니다. 하루에 몇 시간씩, 주말에는 온종일을 게임에 매달린다면 한번 천천히 생각해 보세요. 내가 게임을 하는 이유가 무엇인지. 외로움을 잊게 해 주거나, 인정받는 느낌이 들거나, 자부심을 느끼고 싶거나, 현실의 고통을 잊고 싶어서는 아닌가요? 그렇다면 이제 내 삶에 변화를 줘야 할 시간입니다.

3부

관계를 열어 주는 심리학

01

공감과 갈등 해결을 위한 건강한 대화

가족, 친구, 선생님, 동네 이웃 등 우리는 관계에 둘러싸여 살아갑니다. 그 속에서 큰 기쁨과 힘을 얻기도 하지만, 원치 않는 상처를 받기도 하죠. 관계 속에서 받은 상처는 상상 이상으로 아프고, 자존감을 다치게 하기도 해요. 그래서 우리는 움츠러들고 긴장하게 되죠. 관계가 어렵게만 느껴집니다. 다른 사람은 쉽게 잘해 가는 듯 보이는데 말이죠. 많은 청소년이 학교, 학원 등 온종일 사람들과 부딪히고 연결된 환경에 있어요. 온라인 소통까지 포함한다면 정말 온전히 혼자 있는 시간이 거의 없죠. 그런데도 많은 10대가 '외롭다'고 느낍니다. 가장 많은 스트레스를 받는 영역이 '관계'이기도 하죠.

관계를 열어 주는 경청과 공감

서로 마음을 주고받으며 소통하고 관계를 맺는 일은 우리에게 큰 영향을 끼쳐요. 인간관계는 나의 자아 존중감, 정체감에 깊은 영향력을 줍니다. 누군가에게 자신의 진실한 느낌과 생각을 표현하고 공유하는 일은 자신의 일부를 상대에게 건네는 행동이에요. 그래서 거부당하거나 비판받는다고 느낄 때, 자신의 일부가 거절당한 듯한 고통을 느끼죠. 많은 걸 공유했던 사람과 갈등을 겪고 관계가 깨어질 때는 마음의 고통뿐 아니라 신체적인 고통까지 느끼기도 해요. 깊고 진실한 관계를 맺는 일은 위험을 감수하고 도전하는 큰 모험이죠. 그럼에도 우리는 '관계'를 통해 자신이 성장하고 있다는 확신을 경험합니다. 진실한 관계 속에서 사람은 심리적, 지적, 사회적으로 성장하기 때문입니다.

이렇듯 중요한 관계를 맺는 능력은 '타고나기'보단 경험으로 '배우는' 일이에요. 관계는 연습할수록 놀랍게 달라진답니다. 그런데 정작 건강한 관계를 연습할 '장'이 부족해 어려움을 겪는 청소년이 많아요. 만나고 소통하는 방식엔 더 친밀해지는 대화 방법과 서로 멀어지는 대화 방법이 있습니다. 건강하지 못한 방법을 계속 사용한다면 관계를 많이 맺는다 해도 상처만 더 쌓여 가겠죠.

건강한 대화법을 얘기하기 전에 짚고 갈 점이 있어요. 관계 맺을 때 가장 중요한 것은 진실성이에요. 관계와 소통은 일생에 걸쳐 이뤄지는, 인격 전체를 사용하는 활동입니다. 한 사람과 깊은 신뢰와 애정으로 다져진 관계를 맺기까진 수십 년이 필요하기도 해요. 단순한 화술이나 상대의 마음을 쉽게 얻어 내는 요령 정도로 다뤄진 대화법은 진정한 관계의 기쁨도 성장도 이루지 못한 채 얼마 못 가 힘을 잃고 말아요. 상대가 자신에게 실망할까 봐, 거절에 대한 두려움 때문에, 인정과 관심을 받고 싶은 마음에, 진정한 자기 생각과 느낌을 숨기고 상대에게 맞추거나 자신을 꾸며 내는 행동은 결국 관계를 망가뜨리게 돼요. 아무리 부드러운 말과 세련된 기술을 구사한다 해도, 그 안에 진실한 자신이 없다면 아무런 성장도 보람도 없는 공허한 관계만 반복할 뿐이니까요. 그래서 모든 관계와 소통엔 '진실함'이 필요해요. 물론, 만나는 모두에게 속 깊은 얘기를 다 털어놓거나, 비판적인 생각을 직설적으로 다 말하라는 뜻은 아니에요. 많은 경우, 먼저 자신에게 정직해지는 과정을 거쳐야 합니다. 이 과정에서 낮은 자존감을 보상받으려는 애정 욕구, 왜곡된 열등감, 질투, 상대를 통제하려는 마음 등이 동기가 된 감정과 생각 들은 걸러집니다. 그러면 정말 상대를 향한 진실한 마음이 남게 되죠. 상대에게 줄 수 있는 가장 좋은 선물은 바로 이 '진실한 나'랍니다.

사람은 자기 생각에 누군가 관심 기울일 때 기뻐해요. 자기 말에 귀 기울이고, 진실한 호기심으로 질문할 때 대부분 사람은 고마움을 느끼죠. 존중받음을 알기 때문이에요. 관계를 맺을 때 뛰어난 화술과 유머, 자랑할 만한 외모나 배경을 가져야만 호감을 얻는다고 생각하

는 경우가 있어요. 그래서 마음에 드는 이성을 만나거나 소개팅을 나가면 어색한 유머를 계속 던지거나 장황하게 자신의 자랑거리를 늘어놓는 사람도 있죠. 상대와 관계 맺고자 하는 간절한 노력이지만, 안타깝게도 이런 노력은 대부분 실패로 돌아가요. 그 이유는 듣는 입장이 되어 생각해 본다면 금방 알게 되죠. 상대는 자신이 얼마나 훌륭한 사람인지 받아들이라고만 강요했을 뿐, 내가 어떤 사람인지는 전혀 관심을 기울이지 않았으니까요.

관계를 열어 주는 힘은 의외로 '경청'에 있어요. 물론 사람을 만났을 때 아무 말도 하지 않고 가만히 듣고만 있으란 얘긴 아니에요. 그보다는 진심으로 상대에게 관심 기울이라는 거예요. 사람은 의사소통할 때 세 가지 중요한 정보를 얻는다고 합니다. 상대가 자신을 어떻게 보는지, 상대가 자신의 의견이나 관점을 얼마나 받아들이는지,

그리고 상대의 의도가 무엇인지. 이 세 가지 정보를 종합해서 상대가 신뢰할 만한 사람인지 아닌지를 결정합니다. 그래서 '따뜻한 시선'과 '순수한 호기심'은 경청의 중요한 바탕이 됩니다.

사람은 자신의 있는 그대로를 받아들여 주길 원해요. 경청과 공감은 '당신 자체를 존중하고, 받아들여요'라는 메시지를 전해 줍니다. 이럴 때 우리는 상처받을까 봐 잔뜩 긴장하던 마음이 풀어지고 마음을 열게 됩니다. 비로소 진실한 모습으로 상대와 만나게 되죠. 따뜻한 시선은 '상대와 난 동질감을 공유할 수 있고, 서로 이해할 수 있다'는 기본적인 신뢰와 수용적 태도예요. 따뜻한 시선으로 다가가는 대화와 드러내지 않더라도 방어적이고 차가운 시선으로 대하는 대화는 많은 차이가 나타나요. 예를 들어 볼까요?

민아: (책상에 교과서를 집어 던지며) 아, 짜증 나 죽겠어.

따뜻한 시선: (뭐가 민아를 짜증 나게 했을까? 내가 그랬듯이 민아도 얘기를 하고 싶은가 보다) 짜증이 많이 났나 보네. 무슨 일이 있었어?

따뜻한 시선은 자신도 짜증 내는 때가 있다는 걸 생각하며 민아를 이해하고 싶은 순수한 동기에서 질문해요. 이러면 다음 대화는 어떤 식으로 이어질까요? 아마도 민아가 "아 글쎄, 수업 시간에 핸드폰을 뺏겼는데~"라고 이유를 얘기해 주겠죠.

민아: (책상에 교과서를 집어 던지며) 아, 짜증 나 죽겠어.

차가운 시선: (민아가 짜증을 내고 있어, 기분 나빠서 나를 공격할지도 몰라) 왜 짜증을 내고 그래?

차가운 시선은 민아가 짜증 내는 상황에서 자신에게 피해가 올까 봐 막으려고 해요. 그래서 민아가 짜증을 내게 된 이유를 이해하려 하기보단 짜증 내는 걸 지적하는 반응을 하죠. 이러면 원하는 게 이뤄질까요? 아마 다음 대화는 안 그래도 기분이 나쁜 민아가 "내가 너한테 짜증 낸 것도 아닌데 왜 난리야?" 하면서 더 날 선 반응을 보이게 되지 않을까요?

경청이 그저 듣고 있는 행동 이상인 이유는, 상대에 대한 진실한 관심이 바탕이 되기 때문이에요. 이걸 '순수한 호기심'이라고 해요. 상대를 속이거나 이용하려는 의도 없이 그 사람 자체에 호기심을 갖는 일이죠. 순수한 호기심과 상대를 시험하는 태도는 대화 분위기 자체를 전혀 다르게 합니다. 사람은 누군가 자신에게 순수한 호기심을 가질 때 자신이 가치 있는 존재라고 느끼죠.

민아: 전 지난 시험에 전교 5등을 했어요.

순수한 호기심: (공부를 잘하는구나. 그게 스스로 어떻게 느껴질까? 이 말을 하는 걸 보니 공부에 대해서 더 하고픈 얘기가 있나 보다) 공부를 잘했네. 그만큼 하려면 많이 애썼겠다. 넌 전교 5등 하고 나니 기분이 어땠어?

순수한 호기심은 민아가 전교 5등 했다는 얘기를 민아를 이해하는 정보로 받아들입니다. 그리고 그 말을 한 민아의 마음을 좀 더 알고 싶어 하죠. 이 다음 대화는 어떻게 이어질까요? 민아가 "실은 열심히 했는데도 전 시험보다 2등이나 떨어져서 많이 혼났어요. 너무 서러워요"라거나 "공부가 제겐 잘 맞는 것 같아요. 5등 안에 드는 게 목표였거든요." 하면서 자신이 성적 얘길 한 이유와 가치관을 더 이야기해 주겠죠.

민아: 전 지난 시험에 전교 5등을 했어요.

시험하는 태도: (왜 이 얘기를 하지? 자랑하는 건가? 정말이면 우리 애를 좀 가르치게 할 수 없을까?) 와, 대단한데~ 진짜야? 넌 참 좋겠다, 공부 잘해서. 우리 딸은 공부 방법을 몰라서 맨날 고민하는데, 네가 좀 가르쳐 줘. 같이 친구도 좀 하고.

시험하는 태도는 상대 의도를 마음대로 추측하고 자신의 관점에서 공부 잘하니 좋겠다고 상대의 마음을 단정합니다. 그리고 상대가 하고자 하는 말에 관심을 기울이기보단 자신이 필요한 일에 이용할 수 없을지 생각하죠. 이다음 대화는 어떻게 이어질까요? 민아는 원래 하려던 말은 하지도 못하고 "아, 네… 저 학원이 늦게 마쳐서…"라고 어려운 거절을 하거나, 잘난 체하는 이기적인 애가 되기 싫어 마지못해 수긍하곤 후다닥 대화를 마치려 하지 않을까요?

경청의 가장 핵심에는 존중이 있습니다. 그래서 경청은 절대로 강요하지 않죠. 따뜻한 시선으로 순수한 호기심을 갖고 상대를 알아 가려 할 때도, 상대가 원하지 않는 부분까지 집요하게 묻거나 너무 빨리 상대의 깊숙한 얘기까지 알고자 하는 일은 경청이 아닙니다. 특히 처음 만났거나 서로 안 지 얼마 안 되었을 때는 아무리 선한 의도였다 해도 너무 깊숙한 부분까지 얘기하는 일은 관계를 더 어색하고 부담스럽게 해요. 그러니 경청할 때도 얼마나 얘기할지는 상대의 선택임을 존중해야 합니다. 내가 궁금하더라도 상대가 원하는 만큼만 편안히 이야기하도록 허용하는 일이 경청입니다.

개인적인 감정을 공유하면 관계는 급속히 가까워집니다. 삶을 살아오면서 느꼈던 기쁨과 슬픔, 고통, 감정적으로 의미 있는 기억 등은 그 사람만의 것이기 때문이죠. 느낌을 공유하는 일은 정보만 말하거나 생각만 표현하는 것보다 훨씬 많이 자신을 드러내고, 상대에게 건네는 일입니다. 그래서 소통이 되면 깊은 친밀감을 느끼죠. 그러나 너무 빨리 친밀해진 관계는 깨지기 쉽고 깨진 후의 자아 손상도 심하고 아파요. 왜냐하면 친밀한 관계엔 자아 정체감과 자아 존중감이 깊숙이 연결되기 때문이에요. 관계는 얼마든지 새로운 사람과 다시 맺을 수 있지만, 손상된 자존감을 회복하기는 쉽지 않죠. 그래서 관계에는 시간과 존중이 필요하답니다. 서로 속도를 맞춰 가며 천천히 함께 걸어갈 때 관계는 탄탄하고 건강해지죠.

경청할 때는 시선을 상대 얼굴 쪽으로 두고, 몸을 상대 쪽으로 약간 기울이고 들으면 좋습니다. 팔짱을 끼거나 등을 보이는 자세는 상대가 불편함과 방어를 느끼기 쉬우니, 가능하면 피하는 것이 좋아요. 몸은 가장 빠르게 많은 메시지를 전달하거든요. 전체 메시지의 약 55퍼센트 정도가 언어와 음성 높낮이를 제외한 표정, 몸짓 등 비언어 신호를 통해 전달됩니다. 또, 상대가 그 경험을 하면서 느낀 느낌이나 생각에 대해 질문하거나, 지금까지 들은 내용을 한 문장 정도로 요약해서 "~해서 ~게 느꼈단 얘기구나, 맞니?"라고 기끔 확인하는 일도 내가 얘기에 집중하고, 상대를 이해하려 노력하고 있음을 상대에게 전해 줍니다.

가장 강력한 힘을 발휘하는 경청 방법은 바로 공감이에요. 공감은 상대의 얘기 속에 나타난 감정, 가치, 경험을 마치 같이 느끼듯 알아주는 일입니다. 공감하며 들어 줄 때는 놀라운 일이 많이 일어납니다. 말하는 사람이 표현 못 했던 감정이 터져 나오며 해소되기도 하고, 진정한 연결을 느끼며 치유되기도 합니다. 누군가가 이야기를 공감하며 들어 주면 자유와 후련함, 생기가 돌아옴을 느끼죠. 공감은 관계와 소통에 무척 중요한 부분이어서 좀 더 구체적으로 다루겠습니다.

공감, 가장 온유하고 강력한 힘

공감은 인간의 본성이에요. 우리가 태어날 때부터 세상에 대해 학습하고 자아를 형성하는 핵심에는 공감이 있죠. 인간은 갓난아기 때부터 주변 사람의 반응을 통해 자신이 어떤 존재인지 인식하고, 세상에 대한 이미지를 그립니다. 상대가 보는 나를 상상해서 '나는 이런 사람이구나'라고 인식하기 때문인데, 마치 거울에 비춰 보는 것과 비슷하다고 해서 '면경 자아'라고 해요. 뇌 속의 '거울 뉴런'이 이런 역할을 합니다. 이 거울 뉴런은 상대의 반응을 통해 자아상을 형성할 뿐 아니라, 상대의 감정을 모방하고 공명해서 공감 작용을 일으켜요. 연민, 이해, 수용, 동질감, 친밀함 같은 감정이 모두 거울 뉴런 때문에 생기죠. 어릴 때부터 발달하는 이런 공감 능력은 관계에 결정적인 영향을 미치고, 결국 행복에 큰 변수가 됩니다. 최근 여러 연구로 공감이 행복의 핵심 요소임이 밝혀지고 있어요. 공감 능력이 높을수록 행복도가 높고, 삶 전체를 통틀어 더 많은 성취와 만족을 누리게 된다는 거죠.

'공감'과 가장 반대되는 말은 '비판'과 '평가'입니다. 사람을 "좋다", "나쁘다", "옳다", "그르다"로 구분하고 상대의 말과 행동을 평가하고 비난하는 태도죠. 이런 분위기 속에선 누구나 판단 받을까 봐 긴장하고 두려움, 죄책감, 수치심을 느껴요. 콜로라도 대학 O. J. 하비 교수의 연구 결과에 따르면 비판적인 어휘를 많이 사용하는 사회일수록 더 많은 폭력 사건이 일어난다고 해요.

가장 간단한 공감의 시작은 "그랬구나"라는 말이랍니다. 이 말엔 수용이 담겨 있죠. 사람들은 상대가 고민이나 힘든 감정을 얘기할 때 조언해 주거나 안심시키고 싶어 합니다. 상대에게 그게 필요하다고 생각하죠. 그러나 인생에서 꼭 필요한 존재는 '들어 주는 사람'입니다. 어렵게 마음을 열고 얘길 꺼냈는데 상대가 내 얘기를 다 듣지도 않고 조언하거나, "사는 게 다 그런 거야", "너보다 더 힘든 사람도 많아"라며 억지로 안심시키려 할 때 어떤 기분이었나요? 안타깝게도 공감보다 이런 경험이 훨씬 흔하죠. 조언이나 섣부른 위로 대신, 그저 고개를 끄덕이며 "그랬구나"라고 말해 줬다면 어떤 기분이 들까요?

두 번째 공감의 방법은 상대가 표현하는 감정을 읽어 주는 일입니다. 예를 들어, 친구가 "엄마가 또 잔소리하는데, 내 상황을 알지도 못하면서 그러니까 너무 열 받는 거야. 그래서 방문을 쾅 닫고 들어왔어. 말이 안 통해서 가슴이 터질 것 같았어"라고 얘기해요. 이 친구

는 지금 어떤 감정을 얘기하고 싶을까요? 공감은 상대의 느낌에 관심을 기울입니다. "화가 났겠다", "가슴이 답답했겠구나"라고 얘기해 주면 아마 자신의 감정을 이해받는 느낌일 거예요. '감정'은 사람의 욕구가 충족되거나 좌절될 때 나타나는 자연스럽고 즉각적인 반응입니다. 그래서 감정을 읽어 주면 수용을 느끼죠. 우리는 평가와 비판을 피하려고 감정을 숨기는 데 익숙한 사회에 살고 있어요. 그래서 자신의 감정이 무엇인지조차 잘 모른 채 얘기하는 사람도 많죠. 특히 청소년은 많은 경우 그저 "짜증 난다"고 표현해요. 이런 순간엔 자신의 진짜 느낌이 무엇인지 정확한 감정을 찾는 일만으로도 혼란이 줄고 마음이 많이 안정됩니다. 상대가 말로 감정을 잘 표현하지 못할 때는, "지금 왠지 슬퍼 보여", "화가 났을 것 같아, 그러니?"라고 상대에게서 전해지는 감정을 읽어 주고 맞는지 물어보는 것도 공감의 방법입니다.

세 번째 공감의 방법은 상대의 감정과 함께 그 이유도 읽어 주는 일입니다. 앞의 예로 돌아가 보죠. 이 친구의 말에 "엄마가 잔소리해서 화가 많이 났구나", "말이 안 통해서 답답했겠다"라고 얘기해 주는 겁니다. 이러면 그 친구가 무엇 때문에 그 감정을 느꼈는지 더 뚜렷해지죠. 상대는 더 이해받는다고 느낍니다. 만일 말한 이유가 자신의 마음과 조금 다르다면 "아니, 난 내 상황도 모르면서 엄마가 잔소리하니까 화가 났어"라고 친구가 정확히 표현해 주겠죠. 그러면서 두 사람은 서로가 경험했던 감정과 상황을 좀 더 구체적으로 함께 느끼면서 더 깊은 대화를 하게 됩니다.

네 번째 공감 방법은 상대의 감정 바탕에 있는 욕구를 함께 읽어 주는 일입니다. 다시 앞의 예로 돌아가 보면 친구의 말에, "엄마가 좀 상황을 이해해 줬으면 좋겠는데 잔소리만 해서 화가 났어?", "엄마랑 소통이 되면 좋겠는데 말이 안 통해 답답했구나, 맞니?"라고 물어보는 거죠. 실은 엄마에게 이해받고자 하고 소통을 원했던 친구의 욕구를 함께 공감해 주는 거예요. 조심할 점은 상대가 소중히 여기는 가치나 욕구는 직접 드러나지 않는 경우가 많아요. 그래서 '이것이 소중했구나'라고 느껴지는 대로 공감하더라도, 내가 바르게 이해했는지 이 단계에서는 꼭 확인함이 좋아요. 누군가 자신의 솔직한 욕구를 이해해 주면 사람은 존재를 감싸는 듯한 존중을 경험합니다. 상대가 진정한 나를 알아주는 듯해 깊은 신뢰와 감동을 느끼죠. 그래서 가치와 욕구를 공감해 준 사람은 오래 잊지 못하기도 해요. 그러나 우리 각자에게 가치와 진실한 욕구는 마음 깊숙이 있는 보물이죠. 나를 담아낸, 자신을 가장 잘 말해 주는 것이기에 상처받기도 쉽고 아무렇게나 꺼내놓고 싶지 않아요. 그러니 늘 경청의 기본 태도를 기억해 주세요. 공감할 때도 무조건 욕구까지 공감하려 하기보다는 상대가 표현하는 만큼, 상대가 원하는 수준에서 함께 머물러 주기 바라요.

진실하고 깊은 우정은 경청과 공감이 있어야만 형성돼요. 친밀한 관계에는 상대가 나를 있는 그대로 인정하고, 기꺼이 함께 있어 주는 사람이라는 확신이 필요하기 때문이죠. 가만히 생각해 보면 지금 절

친한 친구도 서로 마음이 잘 통한다고 느끼거나(서로 경청과 공감이 잘 되거나), 내 이야길 잘 들어 주고 내 마음을 이해해 주는(상대가 경청과 공감을 잘하는) 친구이지 않나요?

경청과 공감의 방법이 생각보다 어렵지 않죠? 그런데 우리는 왜 진실한 친구를 한 명 만나기가 어렵다고 느낄까요? 그 이유는 안타깝지만 많은 사람이 공감보다 공감을 가로막는 대화 방식을 훨씬 많이 쓰고 있기 때문이에요. 예를 들어 볼까요?

"수능은 다가오는데 성적도 안 오르고, 점점 자신이 없어져. 앞날이 막막해."

① 조언하기: "이번에 나온 00문제집 풀어 봤어? 그거 매일 한 과씩 풀면 성적 많이 오른대."

이 말을 들으면 친구는 어떤 느낌이 들까요? 많은 사람이 상대가 힘든 이야기를 할 때 문제를 해결해 줘야 한다는 부담을 느껴요. 그래서 해결책을 제시하고 조언하죠. 진심으로 상대를 도우려고 조언하는 사람도 많아요. 그러나 다른 이유로 조언하는 예도 있어요. 실은 상대의 얘길 계속 들어 주기보다는 조언하는 일이 훨씬 힘이 덜 들기 때문이죠. 누구나 고통스러운 감정은 느끼기 싫어합니다. 힘든 상대의 마음을 공감하며 그 감정에 같이 머무르기가 부담스러운 거죠. 그래서 나란히 서는 대신, 한 계단 위로 올라가 '가르치는' 입장이 되어 상대의 감정과 거리를 둬요. '널 위해서'라고 하지만 실은 자신을 보호하려는 노력이죠. 흔히 '잔소리'로 들리는 말들이 부탁하지 않은 조언인 경우가 많습니다. 물론 조언이 필요한 때도 있어요. 상대가 조언을 원할 때죠. 공감이 필요한 사람도 대부분 충분히 공감받고 나면 기꺼이 조언을 구해요. 신뢰하는 사람이 해 주는 조언은 큰 도움이 되니까요.

② 정정하기: "그건 아니지. 우리 반 애들도 다 성적 안 올랐는데 자신감을 왜 잃어?"

③ 끊기: "또 그런다. 됐어, 공부나 해."

이 말들을 들으면 어떨까요? 첫 번째 반응은 상대의 관점을 고쳐 주려 하고, 두 번째는 더 말하지 못하도록 말을 끊어 버렸죠. 둘 다 힘든 마음을 표현한 친구가 '내가 말을 잘못 꺼냈구나'라고 수치심을 느끼게 해요. 힘든 마음을 표현하면 안 된다는 잘못된 교훈을 주죠. 상대의 생각을 '긍정적'으로 고쳐 주려는 정정하기는 상대가 좀 편안히 생각했으면 좋겠다는 좋은 의도일 수도 있지만, 기본적으로 '네가 잘못 생각하는 거야'라는 전제를 놓고 내가 생각하는 바른 관점을 가르치려는 태도이기 때문에 존중과는 거리가 멀어요.

④ 위로하기: "한국에서 고3 생활은 힘들지, 힘내."

⑤ 동정하기: "참 안됐다…. 아직 몇 달이나 남았는데 그렇게 힘들어서 어쩌니?"

위로하기와 동정하기가 공감을 가로막는다고 얘기하면 놀라는 사람이 많아요. 그러나 가족의 죽음, 불의의 사고 등으로 깊은 고통을 겪어 본 사람들은 뜻밖에 위로하려는 말에 상처를 많이 받았다고 말해요. 왜 이런 일이 생길까요? 위로와 동정이 마음을 연결해 주지 못하기 때문이에요. 무엇보다 공감이 필요한 상태인 사람에게 자칫하면 위로가 "빨리 힘내고 이겨 내야 해"라는 부드러운 강요가 되거나, '나는 도움을 줬어'라는 자기 만족의 수단이 되기도 해요. 특히 동정은 상대를 자신보다 부족한 상태로 보고 가엽게 여기는 것이기에, 자칫 상대가 자존감에 상처를 입고 비참함을 느낄 수도 있어요. 동등한 존엄성을 인정하는 존중이 느껴지지 않기 때문이죠.

⑥ 비난하기: "너만 고생하는 것도 아닌데 왜 죽을상이야, 그렇게 약해 빠졌으니 성적이 안 오르지!"

⑦ 평가하기: "넌 정신력이 약하구나, 고3은 정신력 싸움인데."

이 말들은 듣는 즉시 무척 화가 나겠죠? 친구의 마음을 이해하려는 의도는 조금도 없고 '그런 말을 한 네가 문제야'라는 메시지를 주니까요. 비난과 평가는 가장 빨리 관계를 단절하고 좌절과 폭력을 불러와요. 차분히 들여다보면 비난 안에는 '힘들다는 말을 들으면 내 마음이 너무 괴로워!'라는 절규가 있는 경우가 많아요. 자신의 마음이 괴로워져서 공감해 줄 수 없다는 표현을 극단적인 방식으로 하는 거죠. 실은 자신이 더 도움이 필요하다는 간접적인 표현이지만, 비난으로 원하는 걸 얻을 가능성은 거의 없죠. 한편 평가하기는 자신이 느끼는 감정(불편함, 호감)을 마치 객관적인 듯한 언어로 표현해요. 즉, 상대가 힘들다는 말이 불편하면 "넌 비관적인 사람이야"라고 평가하고, 상대의 말에 호감이 가면 "이 사람은 참 현명해"라고 평가하죠. 실은 자신의 느낌일 뿐인데 그걸 상대의 상태와 책임으로 돌려 버려요. 그리고 '합리적이고 이성적인 사람'이 되어 불편한 감정에서 자신을 보호하죠. 자신의 감정에 책임을 지지 않기 때문에 판단하는 말은 긍정적이든 부정적이든 이기적 표현 방식이에요. 비난과 평가는 둘 다 간접적으로 자기 감정을 표현하지만, 그 방법이 폭력적이기에 공감이 될 리가 없죠. 결국 듣는 사람이나 말하는 사람 모두에게 큰 좌절을 안기고 관계가 손상돼요.

공감의 방해물들을 살펴보니 익숙하지 않나요? 이 밖에도 설명하기, 화제 돌리기 등 다양한 방해물이 있어요. 듣는 쪽이 공감할 준비가 충분히 되지 않았을 때 이런 식으로 반응하게 되죠. 온전히 공감하는 일은 생각보다 어려워요. 그런데도 내가 마음을 솔직히 털어놓을 때는 정말 공감해 주는 친구를 만나고 싶죠. 그래요, 누구나 바로 그런 친구가 필요해요. 공감은 상대에게 온전히 관심을 기울이고 함께 머물러 주는 일이에요. 이 과정을 통해 상대는 스스로 힘을 얻고 상황을 해결하는 경우가 많아요. 어떤 조언이나 위로보다 공감의 힘은 강합니다.

그러나 공감하려면 힘이 필요해요. 나의 맹렬한 삶에서 잠시 내려와, 상대의 한쪽 신발에 내 발을 넣고 상대가 걸어온 길을 느껴 보아야 하니까요. 나도 힘들고 지치는데 상대에게 온전히 관심을 기울이기란 연습이 여간 필요한 일이 아니죠. 때론 도저히 할 수 없을 때도 있어요. 내 마음도 너무 괴롭고 위로가 필요한데 억지로 상대를 공감하려 하면 무척 소진되고 화가 나거든요. 때로 상대를 공감하기 힘들 때는 내 자신이 먼저 공감과 돌봄이 필요해요. 상대의 감정에 완전히 휩쓸리지 않고 곁에 서 있어 주는 '나'라는 든든한 존재가 공감할 때는 필요하기 때문이죠. 그래서 공감은 '동화同化'와는 달라요. 상대의 경험이 내 것이 되어 버리는 게 아닌, '아, 네 신발이 이렇게 닳아 있었구나'라고 느껴 줄 친구가 되어 주는 일이니까요.

서로 자라게 하는 칭찬과 격려

공감과 경청이 신뢰와 친밀한 관계를 맺는 튼튼한 기초가 된다면, 칭찬과 격려는 서로 성장하고 발전하는 데 가장 효과적인 언어예요.

칭찬을 들으면 노력한 보람을 느끼고 자신이 괜찮은 사람이라고 인식됩니다. 인정과 애정을 받는다는 확신이 들고 그런 관심을 유지하고 싶어서 더 노력하게 되죠. 자신을 칭찬한 사람에겐 계속 좋은 모습을 보이고 싶어 저절로 더 신경 쓰게 되기도 합니다. 사람의 심리적 건강과 성장에 지적과 비난보다 격려와 칭찬이 훨씬 효과적이라는 사실은 이미 많이 알려졌지요. 격려와 칭찬이 풍성한 친구 관계는 지친 삶에 새 힘을 불어넣고 용기와 도전의 밑거름이 됩니다.

모든 판타지 작품의 모체가 된 대작 『반지의 제왕』, 『실마릴리온』, 『호빗』을 쓴 사람은 톨킨J.R.R. Tolkien입니다. 그는 천재적인 작가였지만, 친구인 C. S. 루이스가 재미있다며 계속 써 보라고 격려하지 않았다면 이 작품들은 세상에 나오지 못했을 거예요. 서로의 발전에 칭찬과 격려보다 더 힘이 되는 일은 없어요. 그런데도 우리는 대부분 칭찬과 격려가 익숙지 않죠. 그래서 마음으로 친구를 격려하고 칭찬하고 싶어도 말을 꺼내기가 참 어색합니다. 심지어 누군가 날 칭찬하면 듣기 쑥스럽고 불편하기도 하죠. 너무 꾸지람과 평가에 시달리다 보니 칭찬하는 상대의 의도가 의심스러운 때도 있어요. 그만큼 낯설기 때문입니다. 칭찬을 받아들이는 마음도, 표현하는 말도 충분한 경험과 연습이 필요해요. 그래야만 비로소 상대가 발견해 준 자신의 장점을 인정하고 수용할 뿐 아니라, 상대의 장점을 자연스럽게 발견하고 표현해 줄 수 있습니다. 신뢰와 자연스러움이 있을 때 비로소 자존감을 높이고 성장을 북돋우는 격려와 칭찬의 놀라운 힘을 제대로 사용하게 돼요. 물론, 이 모든 힘은 건강한 칭찬일 때 나옵니다.

해로운 칭찬이라는 말이 낯설지 모르겠어요. 그러나 칭찬의 순기능을 도리어 방해하는 칭찬이 있습니다. 이 칭찬은 듣는 사람을 긴장하고 불안하게 만듭니다. 결과에만 집착하고, 실패와 도전을 두려워하게 하죠.

재미있는 실험을 하나 얘기해 줄게요. 초등학생들에게 단어 카드를 보여 주고 3분간 외운 단어를 칠판에 적어 보도록 합니다. 그러면서 열심히 쓰고 있는 학생들에게 '칭찬'을 해 주죠. "너 머리가 참 좋다", "똑똑하구나", "참 잘하는데?", "와, 대단하다." 같은 칭찬입니다. 칭찬받으면 흔히 듣는 내용이죠. 그러다 감독관 선생님이 갑자기 걸려 온 전화를 받고 나갑니다. '단어 카드'를 책상 위에 두고서 말이죠. 문제는 이때 생깁니다. 칭찬을 받은 아이들의 70퍼센트가 단어 카드를 훔쳐보고서 칠판에 썼습니다. 왜 이런 일이 벌어진 걸까요?

카드가 책상에 있으니 누구나 보지 않을까? 하는 생각이 드나요? 아니면 아이들이 어리니 유혹에 넘어갈 수도 있죠. 그런데 이 실험에는 비교 집단이 하나 더 있었습니다. 같은 조건에서 똑같이 실험했는데도 비교 집단의 학생들은 대부분 카드를 훔쳐보지 않았습니다. 단지 달랐던 것은 칭찬의 내용이었죠. 비교 집단의 학생들은 "열심히 노력해서 외웠구나", "기억해 내려고 잘 집중하네", "끝까지 성실하게 쓰려고 애쓰는구나." 같은 칭찬을 받았습니다. 단지 칭찬의 내용만 달랐을 뿐인데, 이 학생들은 대부분 선생님이 나간 후에도 카드를 보지 않고 스스로 생각해 내려고 애를 썼죠. 이 결과는 실험 대상을 성인으로 바꿔도 거의 동일했어요. 왜 이런 일이 벌어진 걸까요?

칭찬을 받으면 참 기분이 좋습니다. 누군가에게 칭찬을 받으면 계속 칭찬받을 행동을 하고 싶고, 그 사람을 실망하게 하고 싶지 않죠. 그래요, 바로 상대의 기대를 충족시켜야 한다는 압박감이 생깁니다. 이 압박감의 크기는 상상보다 훨씬 커요. 계속 '잘' 하지 못하면 지금날 칭찬해 준 사람이 실망하고 호감과 관심을 더는 주지 않을까 봐 두려워지죠. 이 두려움 때문에 "똑똑하다"는 칭찬을 들은 학생들이 카드를 훔쳐본 겁니다.

그렇다면 위 두 학생 집단의 차이는 어디서 온 것일까요? 자세히 살펴보면 첫 번째 집단의 학생들은 긍정적인 말로 된 '평가'를 받았습니다. '똑똑하다', '머리가 좋다', '잘한다'는 말들은 상대를 똑똑한 사람, 머리 좋은 사람, 잘 기억해 내는 사람으로 평가한 거죠. 그러니 더는 단어가 기억나지 않아 자신의 '똑똑하지 않음'에 직면한 아이들은 선생님의 '똑똑한 아이'라는 평가를 유지하려고 카드를 본 거예요. 그러나 두 번째 집단의 학생들은 '과정'을 칭찬받았습니다. '외우려고 노력하는 모습', '기억하려 집중하는 모습', '포기하지 않고 써 보려는 모습'은 현재 자신의 모습이자 본인이 노력하면 유지 가능한 '태도'죠. 이런 과정을 가치 있다고 말해 주었기 때문에, 선생님이 나가도 '몇 개를 썼나'보단 '얼마나 노력했는가'에 집중할 수 있었던 거예요. 말 한마디의 영향력이 이렇게 다르다니, 신기하죠?

위 실험을 소개한 EBS 다큐멘터리에서는 휴일 공원으로 '칭찬 버스'를 끌고 나가 많은 부모가 자녀를 칭찬하는 모습을 촬영했습니다. 대부분 어떻게 칭찬했을까요? 90퍼센트 정도의 부모가 "잘한다", "최고", "천재야", "착하다"는 말만을 했습니다. 우리 사회에 제대로 된 칭찬의 언어가 얼마나 낯선지, 칭찬의 문화가 얼마나 빈약한지 보게 되죠. 이런 사회 문화가 가져오는 손실은 생각보다 큽니다. 일례로 한국과학영재 정보지원센터에서 과학 영재, 신동으로 TV와 신문에 알려졌던 64명의 성장 후 모습을 조사하려 한 적이 있었어요. 그러나 7명을 제외하곤 어릴 때 받은 국민적 기대에 못 미친다며 인터뷰를 거절했다고 해요. 실제로 그들 대부분은 평범한 삶을 살고 있었어요.

앞서 공감의 방해물로 '평가하기'를 다뤘죠? 평가는 긍정적이든 부정적이든 서로의 연결을 끊고 해로운 영향을 미친다고 했죠. 우리가 칭찬으로 알고 있는 대부분 말들이 실은 '긍정적인 평가'입니다. 스탠퍼드 대학교 심리학과의 캐롤 드웩 교수는 영재들이 평범해지는 이유가 바로 '천재'라는 평가를 잃지 않으려 했기 때문이라고 해요. 분명 뛰어난 재능을 보인 아이들이지만 성장하면서 점점 어려운 과제를 풀어내야 하는 상황은 같았을 거예요. 어느 순간 본인도 노력하고 도전해야 하는 어려운 문제를 만났을 때, 자신이 도전해서 만일 실패한다면 더는 '천재'가 아니라고 사람들이 생각할까 봐 두려워진 거죠. 그래서 더는 도전하지 않고, 어려운 과제를 피하게 됩니다. '난 언제든 시도하면 할 수 있지만, 내가 별로 노력하지 않았을 뿐이야'라는 보호막이 필요하기 때문이죠. '천재'라는 평가를 지키려고 성장하길 포기해 버리는 안타까운 상황이 된 거예요. 이 재능 있는 사람들이 만일 '천재'라는 평가 대신 과정을 꾸준히 인정해 주는 칭찬을 받았다면 어땠을까요?

평가적 칭찬은 주어진 과제를 마치 시험 치르듯 인식하게 합니다. 그래서 결과에만 매달리게 되고, '칭찬받는 것' 자체가 목적이 되죠. 상대가 실망하지 않을 결과를 내는 데만 집중하게 됩니다. 그러다 자신이 도저히 칭찬받을 결과를 내지 못한다고 느끼거나, 어느 날 칭찬이 없어지면 어떤 일이 일어날까요? 그 사람은 목적을 잃어버리고 더는 노력하지 않게 됩니다. 이것이 해로운 칭찬의 결과물이죠.

또 하나의 실험이 있습니다. 초등학생을 두 그룹으로 나누어 각각 수학 문제를 풀게 했어요. 그리고 문제를 풀어 가는 학생에게 칭찬해 주었죠. 한쪽은 "똑똑하네", "머리가 좋은걸." 같은 평가 칭찬을, 다른 한쪽은 "침착하게 잘 푸네", "끝까지 노력하는구나." 같은 과정 칭찬을 해 주었습니다. 그리고서 문제를 다 푼 학생들에게 선택하게 합니다. 두 상자가 있는데, 한쪽은 좀 더 어려운 문제고, 다른 한쪽은 좀 전과 비슷한 수준의 문제입니다. 두 그룹의 학생들은 각각 어떤 선택을 했을까요? 그리고 학생들이 두 번의 문제를 모두 푼 후 마지막으로 두 개의 상자를 줍니다. 한쪽은 다른 친구들의 점수가, 다른 한쪽은 문제 풀이 방법이 들어 있습니다. 학생들은 어떤 선택을 했을까요? 다른 조건은 모두 같은 두 집단의 실험인데도, 평가 칭찬을 받은 학생들은 대부분 '비슷한 수준의 문제'와 '다른 친구들의 점수'를 선택했습니다. 과정 칭찬을 받은 학생들은 대부분 '더 어려운 문제'와 '문제 풀이 방법'을 선택했어요. 이 결과를 보면서 어떤 느낌이 드나요?

진정한 칭찬은 상대가 내는 결과보다 상대 자체에 관심을 둡니다. 그래서 상대가 지금 경험하는 과정에 주의를 기울이죠. 상대가 어떤 노력을 하고 있는지, 과정을 얼마나 즐기는지 지켜보고 그것에 관해 이야기합니다. 칭찬받은 사람은 결과가 성공이든 실패이든 자신이 노력한 과정에 의미를 부여하게 되죠. 그래서 결과와 상관없이 과정에 대해 함께 얘기하고 발전 방향을 생각하게 됩니다. 이것이 대부분의 과정 칭찬을 받은 학생이 더 어려운 문제와 문제 풀이 방법을 선택한 이유입니다.

진정한 칭찬은 아래의 언어들로 이뤄져 있습니다.

관심의 언어: "집중하네", "노력하는구나", "색다른 시도를 하는걸." 등

존중의 언어: "네가 선택한 대로 해 보자", "네가 그걸 하는 자체가 소중해." 등

대화와 질문: "이 방법을 선택한 이유가 궁금해", "네 생각을 설명해 줄래?" 등

신뢰의 언어: "원하는 걸 마음껏 해 봐, 결국 넌 멋진 걸 만들어 낼 거야", "네 선택은 좋은 것이라고 믿어."

이 중 '신뢰의 언어'가 가장 중요하죠. 신뢰는 상대가 무엇을 하든, 통제하거나 조작하지 않아도 스스로 좋은 선택을 하리라고 믿어 주는 태도입니다. 이런 칭찬의 언어는 실패와 좌절을 잘 받아들이고 발전을 추구하는 끈기를 길러 줍니다. 그리고 다른 사람의 인정에 연연하는 대신 순수한 성장의 기쁨으로 움직이는 주체성을 갖게 해 주죠. 결국 칭찬의 효과는 '칭찬하는 말'이 아니라 '신뢰하고 관심을 기울이는 태도'에서 나옵니다. 본질적으론 칭찬도 경청과 공감의 태도에 연결되어 있죠. 그래서 내적 동기 이론의 대가인 알피 콘Alfie kohn 같은 교육 심리학자는 '칭찬' 자체가 필요 없다는 획기적인 주장을 하기도 합니다.

진정한 칭찬을 해 주는 사람이 내 주위에 한 사람이라도 있으면 얼마나 큰 영향을 줄지 상상이 가나요? 친구 사이에 칭찬은 말하기엔 닭살이 돋고 어색한 말 같지만, 실은 진정으로 서로를 성장시키는 기적의 언어입니다. 좀 불편해도 배울 만한 가치가 충분한 언어죠.

칭찬은 주로 긍정적인 행동이나 성공적인 경험이 있을 때 하게 됩니다. 그러나 우리는 훨씬 많은 경우 실수하거나 실패하고, 때론 자신과 타인에게 실망합니다. 이런 순간이 가장 친구가 필요한 때죠. 사람이 성장하고 변화하는 힘은 바로 '용기'에서 나옵니다. '격려'는 용기를 북돋워 주는 일이에요. 자신감을 잃었을 때, 자신이 한없이 약하다고 느껴질 때 격려는 자신이 여전히 소중하다는 걸 느끼게 하고, 용기를 되찾게 합니다. 그래서 다시 문제에 솔직히 직면하고 해결할 힘을 주죠. 격려 능력은 타인과 잘 어울리는 데 가장 중요한 단일 특성이기도 해요. 상대가 좌절하거나 낙심했을 때, 관심과 신뢰의 언어를 변함없이 말해 주는 사람은 자연스레 사랑받죠. 아무리 유능한 사람이라도 자신감이 없으면 자기 안의 자원을 이용하기 어렵습니다. 우리는 잘못과 실수를 두려워하도록 훈련되어 있기 때문이에요. 그래서 격려는 모든 사람에게 필요합니다. 격려받은 사람만이 다시 문제를 정직히 직면하고 효과적으로 처리할 수 있죠.

갈등을 해결하는 사과와 화해

관계를 이어 가다 보면 원하지 않아도 싸우게 되거나 서로 의견이 부딪히는 상황을 만납니다. 이럴 때 갈등을 잘 풀면 서로 더 깊이 이해하는 좋은 친구 사이가 되지만, 화해하지 못하면 관계가 끝나기도 해요. 싸웠을 때 제대로 사과할 수 있다면 관계는 회복되겠지만, 사과는 누구에게나 어려운 일이죠. 사과는 가장 오래전부터 인간이 사용해 온 갈등 조정 방법입니다. 사과의 기술은 관계 맺고 살아가는 일에 꼭 필요해요. 그러나 제대로 배울 기회가 많지 않죠. 사람은 누구나 불완전해서 상처 입히는 일을 해요. 이때 제대로 된 사과는 관계를 회복하고 상처를 치유할 뿐 아니라 더 깊은 신뢰를 심어 줍니다. 잃는 것보다 얻는 것이 훨씬 많은 행동이죠. 그런데도 무엇 때문에

사람들은 사과하기 어려워할까요?

실은 우리 뇌가 사과를 좋아하지 않습니다. 사람은 잘못이나 실수를 인식하게 되면 그때부터 내가 겪게 될 피해와 비난에 대한 불안이 작동해 스트레스 반응이 일어납니다. 그래서 전전두엽의 합리적 판단 대신 편도체가 예민하고 방어적인 반응을 하게 되죠. 실수 자체를 축소하고 부인하려는 인지 부조화가 생기는 거예요. 결국 많은 사람은 사과 대신 핑계, 부인, 거짓말로 반응합니다. 이런 태도는 분노를 더 커지게 하고 상대가 용서와 화해를 선택할 가능성을 쓸어내 버리죠. 솔직히 사과하고 용서를 구하는 일은 무척 용기가 필요합니다. 사과는 스스로 약하다는 걸 드러내는 일이니까요. 용서를 구하는 일은 상황과 상대의 반응에 대한 통제권을 잃는 두려움, 나쁜 인간으로 낙인 찍힐지도 모른다는 두려움을 일으킵니다. 그래서 잘못을 인정하고 솔직히 사과하는 일은 성숙한 자아를 가진 사람만이 가능한 용기 있는 행동이죠.

사과가 어려운 행동이기에 사람들은 애써 용기를 내고서도 잘못된 방식을 많이 택합니다. 기껏 사과하고서도 제대로 효과를 얻지 못하는 방법을 쓰죠. 제대로 된 사과에는 네 가지가 필요해요. 첫째는 "미안해", "죄송합니다"라는 말입니다. 그 상황에 대한 유감 표현이죠. 이 말만으로 사과했다고 생각하는 사람이 많지만 이 말은 단지 미안한 감정 표현, 즉 사과의 시작일 뿐이에요. 두 번째는 책임 인정입니다. "내가 잘못했어"라고 명확히 인정하는 일이죠. 이 두 가지가 사과의 핵심이에요. 세 번째인 재발 방지 약속과 네 번째인 개선책 제시가 되지 않은 경우라도 유감 표현과 책임 인정이 있으면 상대가 화를 풀기도 해요. 그러나 유감 표현과 책임 인정, 둘 중 하나라도 빠졌을 때는 제대로 사과받았다고 느끼지 못하죠. 재발 방지 약속은 "앞으로 이렇게 하지 않도록 노력할게"라는 약속입니다. 사과의 핵심은 진정성 전달이에요. 약속할 때는 진심을 담아야 하죠. 개선책 제시는 "내가 널 위해 할 일이 있으면 알려 줘"라고 말하는 일입니다. 문제 개선을 위해 노력하는 마음을 보여 주죠. 이 표현은 '정말 상황을 바꾸려고 노력하는구나'라고 상대가 느껴 공감적 태도를 가지게 해 줍니다. 여러 연구 결과 사과의 네 가지 요소를 충실히 표현하면 받아들여질 가능성이 무척 커요. 갈등이 눈 녹듯 사라지고 두 사람은 감정적 소모 없이 의견이 다른 문제에 대해서도 대화를 하게 됩니다.

미국의 최고 의료 기관 중 하나인 미시간 대학 병원은 의료 사고 분쟁으로 지출하는 소송비를 줄이고자 '투명한 자료 공개와 의료진의 적극적인 사과'를 병원 방침으로 도입했습니다. 그러자 어떤 일이 생겼을까요? 첫해인 2001년 262건이던 의료 소송 건수가 2007년엔 83건으로 줄었습니다. 병원의 소송 비용도 평균 61퍼센트나 줄었죠. 이 시도는 사실 미국의 소리 웍스Sorry Works! Coalition라는 비영리 단체에서 교육하는 '진실 말하기 프로그램'을 따랐습니다. 피해를 입은 환자와 가족들에게 조사 과정을 투명하게 공개하고 의료진이 적극적으로 책임을 인정하고 사과하는 것이 핵심 내용입니다. 미시간 대학 병원뿐 아니라 여러 곳에서도 큰 성공을 거두고 있죠. 가족이 사망하거나 치명적인 피해를 당한 의료 사고에서조차 제대로 된 사과가 이처럼 놀라운 힘을 발휘해요.

'사과와 용서'는 사람의 건강과 수명에도 연관이 있다는 것이 계속 밝혀지고 있습니다. 연구에 의하면 사과는 상대의 혈압을 빠르게 낮추고 심장 박동을 정상으로 회복시키는 힘이 있다고 해요. 8주간 진행된 용서하기 프로그램에서 고혈압 증상을 가진 사람들의 혈압이 낮춰지고 심장 건강이 개선되었다는 결과도 있죠. 사람은 뛰어난 공감 능력을 갖고 있습니다. 그래서 상대가 자신의 마음에 공감하고 진심으로 사과하고자 할 때 방어하려는 마음이 사라지고 상대의 마음도 헤아려 주려는 본능이 움직이죠. '사과하면 더 큰 피해를 볼지 모른다'는 두려움만 뛰어넘으면 사과는 놀라운 치유력을 발휘합니다.

여러분이 살아가고 있는 지금 이 시대는 투명성의 시대예요. 모든 사람이 녹화와 녹음 기능이 있는 스마트폰을 들고 다니고, CCTV와 블랙박스는 곳곳에 있죠. SNS에서 나눈 얘기도 늘 어딘가에 그 흔적이 남아요. 숨기고 속이는 일이 더는 효과적이지 않답니다. 그래서 이 시대를 살아가는 사람에겐 어느 때보다 정직함과 자신의 실수를 솔직히 인정하는 사과의 능력이 중요해요.

자신을 지키는 경계와 분노

지금까지 상대를 존중하며 대화하는 여러 방법을 알아보았어요. 좋은 관계를 맺으려면 필요한 일들이죠. 그러나 상대보다 더 먼저 존중과 배려가 필요한 사람이 있어요. 바로 '나'입니다. 앞서 다룬 모든 대화 방법은 먼저 자신을 존중하는 태도가 바탕이 되었을 때 힘을 발휘해요. 그런데도 관계 속에서 자신을 보호하고 존중하는 방법을 마지막으로 다루는 이유는 무엇일까요? 바로 '자기중심적인 태도'와 '자기 존중'을 혼동하지 않는 일이 중요하기 때문이에요. 자존감이 건강한 사람은 자기중심적이지 않습니다. 자신을 소중히 여기듯 상대를 동등한 존재로 대우할 줄 아는 사람이지요.

대부분 사람은 상대가 자신을 존중할 때 같은 신뢰와 존중을 돌려 주려고 노력해요. 관계는 나만큼이나 상대에게도 소중하고, 일부러 나쁜 사람이 되려는 이는 거의 없으니까요. 하지만 사람은 매 순간 욕망하는 존재입니다. 그러다 보니 서로 원하는 게 달라서 생기는 갈등은 흔히 일어납니다. 더구나 내 의도와 상관없이 상대의 분노에 맞닥뜨리거나, 무례한 강요를 받는 당혹스런 상황도 간혹 생기곤 하죠. 상처 받기 십상인 이런 상황에서 우린 어떻게 자신을 지켜야 할까요?

자신을 잘 지키지 못하면 근본적으로 좋은 관계를 맺기 어려워요. 자존감이 무너지기 때문이죠. 자존감이 높다는 말에는 건강한 '자아 정체감'과 '자기 효능감'을 가지고 있다는 의미가 포함돼요. 자아 정체감이란 대인 관계, 역할, 목표, 가치, 신념 등에서 '자기다움'을 잘 자각하고 있고, 자기 통합적인 태도와 일관성을 유지해 가는 의식적, 무의식적 노력입니다. 간단히 말해 '내가 누구인가'를 잘 안다는 인식이죠. 자기 효능감은 난 원하는 일을 해낼 능력이 있고, 그 과정들을 잘 극복해 가리라는 믿음을 말해요. 당장에 바라는 것을 얻지 못하더라도, 스스로 자존감을 보호할 수 있음을 알게 되면 안정감과 자기 확신이 생기고 기분이 좋아집니다. 반면, 자존감이 위협받으면 사람은 불안해지고 방어적으로 행동하게 됩니다. 본능적으로 자신의 안전을 위해 투쟁하거나 도피하는 쪽으로 에너지가 몰리죠. 그래서 건강한 관계의 가장 기본인 안정되고 공감적인 태도를 유지하기가 어려워요.

사람은 날 때부터 자기 세계를 갖고 있습니다. '내 몸', '내 느낌',

'내 생각' 등은 모두 고유한 자기 영역을 나타내죠. 남이 허락 없이 내 몸을 만질 때 불쾌하거나, 내 생각을 무시당했을 때 화가 나고 분한 이유는 바로 내 영역이 침해당했다고 느끼기 때문이에요. 학자들에 따르면 이런 인식은 시간, 공간, 관계 등 삶의 전 영역에 걸쳐 나타난다고 해요. 다시 말하면 인간은 태어나면서부터 눈에 보이진 않아도 엄연히 자기 영토를 가진 통치자라는 말이죠. 이런 주체 의식이 나와 다른 사람을 구분하고, 자신의 독특한 존재 가치를 인식하게 해요. 우리가 상대를 존중한다는 말은 바로 그 사람의 고유 영역과 주체권을 존중한다는 뜻입니다. 이 개인의 영역을 표시하는 보이지 않는 선을 '경계boundary'라고 해요. 관계를 맺을 때, 우리는 두 사람의 영역이 만나는 경험을 합니다. 나라의 국경처럼, 이 경계를 넘어갈 때 우리는 상대의 허락을 받아야 하죠.

경계는 자아 정체감과 자존감, 자기 보호 능력, 그리고 대인 관계에 핵심적 영향을 미칩니다. 경계가 선명한 사람은 자신의 개성과 가치를 명확히 인식하고 안정감이 있습니다. 자신의 현실적인 능력-할 수 있는 일과 못 하는 일-을 정확하게 이해하고 자기 책임의 한계를 알죠. 자신의 행동, 선택, 욕구와 감정은 스스로 책임져야 함을 알고 있습니다. 심지어 기분이 안 좋을 때도 말이죠. 그러나 다른 사람의 감정이나 욕구는 내 영토가 아닙니다. 그래서 자기 경계 안의 일은 확실히 책임지지만, 자신이 못 하는 일에는 명확히 "안 돼", "싫어"라고 합니다. 강요에 못 이겨 억지로 한 선택도 결국 그 책임을 스스로 져야함을 알기에, 선택을 소중히 여기고 신중하죠. 결과적으로 자기 보호 능력이 발전합니다. 자신에 대해 구체적으로 잘 알수록 자기 보호 능력이 높아져요. 그래서 몸과 마음의 건강을 잘 유지하고, 에너지를 효율적으로 쓰며 자신을 혹사하지 않죠. 경계 인식과 이런 자기 보호 능력은 일찍 발달할수록 유리해요. 바로 여러분의 나이인 청소년기가 이런 경계 발달과 완성에 결정적인 시기예요.

관계 속에서 서로의 경계가 명확히 드러나야 건강합니다. 경계를 명확히 드러내지 않으면 서로 상대의 영역을 존중하지 못해 원치 않는 불만이 쌓이게 되죠. 경계가 뚜렷한 사람은 사소한 데서부터 자신의 욕구와 한계를 자연스럽게 표현해요. 그래서 주변에서 자연스레 '이 사람은 이렇게 대해야겠구나'라고 알게 되죠. 관계 속에서 경계를 표현하는 일이 매정하고 이기적으로 느껴질지도 모릅니다. 특히 우리나라는 아직 경계를 생소하고 불편해하는 집단 문화가 남아 있어요. 경계를 짓지 않는 걸 더 정겹고 '착한' 태도라고 생각하죠. 그러나 경계가 무시되는 곳에서는 늘 사람들의 심리적 고통과 관계 갈등, 미성숙의 문제가 나타납니다. 상대의 영역을 마음대로 침해해 좌지우지하려 하거나, 선택의 책임을 스스로 지지 못하고 상대에게 의존하며 상대 탓을 하는 일이 벌어지기 때문이죠. 요즘 젊은 층 사이에서 쓰이는 '꼰대질'이라는 말은 경계를 존중하지 않는 기성세대에 대한 불편함을 표현하는 대표적인 예에요.

경계가 명확한 사람은 다른 사람을 더 잘 돌봅니다. 에너지를 불필요한 곳에 빼앗기지 않아 쉽게 소진되지 않고, 도움을 줄 때도 자신의 선택임을 명확히 인식하고 주니까요. 그래서 인정과 보상이 없을 때도 섭섭함, 억울함 없이 지속해서 남을 잘 돌보게 됩니다. 물론 도움을 주려 할 때도 상대의 의견을 존중하죠. 경계가 건강한 사람은 상대가 거절해도 편안히 받아들입니다. 거절이 자신을 거부하는 것이 아니라, 단지 그 일을 원하지 않거나, 못 한다는 표현일 뿐이라는 걸 아니까요. 사실 거절은 '자기 행동에 한계를 정하는 일'입니다. 우리가 바꿀 수 있는 건 자신의 행동뿐이죠. 나는 내 영토의 왕이지만, 남의 영토에서 일어나는 일은 그 영토의 왕이 결정해야 합니다. 그래서 다른 이의 행동과 선택을 내 바람대로 바꾸려는 시도는 늘 많은 좌절감을 안겨 줘요. 사실 상대의 "안 돼", "싫어"라는 말을 듣고도 기분 좋을 사람은 거의 없겠죠. 그러나 경계가 건강해질수록 편안히 거절하고 동시에 거절을 잘 받아들이는 사람을 좋아하게 됩니다. 참된 신뢰 관계는 "그래"라고 말할 때만큼 거리낌 없이 "안 돼"라고도 말하는 자유 위에서 만들어지니까요.

경계의 핵심 기능은 책임과 보호입니다. 건강한 경계는 좋은 것을 받아들이고 해로운 것은 버리게 해 주죠. 그 울타리 안에서 우리는 자유를 누립니다. 우리에겐 고유한 존재인 '나'를 보호할 책임이 있어요. 경계를 계속 침범당하거나 다른 사람의 책임을 계속 떠맡게 되면, 결국 경계가 무너져 받는 고통도 스스로 책임져야 합니다. 그렇다면 경계에 문제가 생겼음을 어떻게 알까요? 바로 감정이 상태를 알려 주는 신호 역할을 합니다. 기쁨은 자신의 욕구가 채워지고 있음을, 친밀함은 내 경계가 상대에게 존중받고 있음을 알려 줍니다. 슬픔은 내 세계 안에서 무언가 상실했음을, 불안은 지금 안전하지 못한 상태임을 알려 주죠. 그리고 분노는 지금 경계 침해가 일어났고, 보호가 필요함을 알려 줍니다. 경계가 무너지면 이 신호 체계가 망가져 버려요. 건강한 경계를 유지하려면 자기 욕구와 느낌을 알아차리는 민감함이 필요하죠.

우리가 아기 때 경계를 지키려고 최초로 내뱉은 단어는 "싫어!"입니다. 분노에 찬 울음과 찢어질 듯한 목소리로 자기주장을 했죠. 분노는 자기 세계를 지키려고 일어나는 강렬한 감정이에요. "여기부턴 내 영토야!" 하고 경계를 확실히 드러내는 신호이죠. 그런데 많은 사람이 분노를 불편해합니다. 화내는 일 자체를 '나쁜 일'로 여기고, 다른 사람이 화를 내면 어쩔 줄 모르죠. 다른 감정보다 유독 분노가 더 불편한 이유는 많은 에너지를 품은 감정이기 때문이에요. 분노 전문가 베레나 카스트는 "분노는 많은 에너지와 연결된 감정이다. 그리고 에너지는 어떤 상황을 변화시키는 데 꼭 필요하다"라고 했죠. 분노는 '행동'으로 연결될 때 엄청난 에너지를 냅니다. 하지만 하나 짚고 갈 것이 있어요. 여기서 '행동'은 분노를 폭발시키거나, 상대를 공격하는 폭력적인 행동을 말하지 않아요. 위협, 비난, 밀어냄, 경멸, 비꼼은 화내는 일과 달라요. 화났을 때 충동적으로 이런 행동을 하는 사람이 많긴 하지만 말이죠. 분노는 자신의 자존감과 경계가 위협받음을 인식하고, 자신을 보호하기 위해 행동하라는 의미예요

그렇다면 어떻게 분노해야 할까요? 분노는 마치 뜨거운 불덩어리 같아서 그 불로 용광로를 데우면 예리하고 강한 칼을 제련해 내지만, 그냥 내던져 버리면 온 집을 잿더미로 만들 수도 있어요. 건강하게 분노하려면 무엇보다 자신이 왜 화가 났는지 빨리 알아차리는 일이 중요해요. 예를 들어, 사람은 상대에게 존중받지 못할 때, 목표 성취가 좌절되었을 때, 휴식을 방해받을 때 화가 나곤 해요. 존중, 성취, 휴식, 안전, 소통, 상호성 등은 모두 인간이 가진 욕구예요. 이 밖에도 수많은 욕구가 있죠. 마셜 로젠버그가 창시한 '비폭력 대화'에서는 분노는 좌절된 욕구의 표현이라고 합니다. 좌절된 욕구를 알아차리고 그걸 실현할 대안을 선택해 욕구를 충족하면 분노는 해소되죠. 분노를 터뜨리는 일로는 효과가 없을 뿐 아니라, 결국 더 분노하게 될 가

능성이 커요. 절제되지 않은 분노는 전염성이 강하니까요. 그래서 상대도 화를 내거나 어떤 식으로든 반격을 하게 됩니다. 게다가 건강에도 해롭습니다. 격렬하게 화내는 사람은 심장 질환에 걸릴 확률이 보통 사람의 다섯 배에 이른다고 해요. 그럼 화가 나도 참고 분노를 터뜨리지 않으면 좋은 걸까요? 아니요, 그건 더 위험한 행동이에요. 자율 신경을 측정해 보면 화날 때 표현하는 사람보다 겉으론 조용한 사람이 신경계는 더 격렬하게 반응한다고 해요. 화를 삼키고 감정을 억누르면 건강에 해로울 뿐 아니라 감정 신호 체계가 무뎌져서 모든 감정을 잘 느끼지 못하게 돼요. 게다가 자존감이 낮아지고 자기방어를 못 해 관계에 어려움을 겪죠. 분노 에너지를 활용하지 않고 억누르면 무력감을 느끼고, 자신이 무력하다는 인식을 하게 되며 우울증을 불러와요.

화가 났을 때 자신의 감정을 민감하게 알아차리고, 지금 자신이 무얼 원하는지 알고 나면 '행동'할 준비가 된 겁니다. 분노의 힘을 활용하려면 먼저 분노를 인식하고 꺼내는 일이 필요해요. 주의할 점은 이 분노는 "내 것"이라는 점이죠. 무엇 때문에 화가 났든 분노는 내 욕구와 연결되어 있어요. 즉시 상대에게 분노하는 대신, 어떤 욕구가 좌절되어 화가 나는지 알아차리고 욕구를 위해 행동할 구체적 목표를 세워야 합니다.

내 상처 때문에 화가 났다면, 어떤 행동을 선택해야 할까요? 이 경우 상대는 내가 화난 이유를 잘 몰라요. 그렇다면 먼저 상대에게 내

경계를 알려야 합니다. 내가 예민한 이유를 설명하고, 조심해 주길 부탁할 수 있겠죠. 믿을 만한 사람이라면 내 상처 경험을 공감하며 들어 줄 마음이 있는지 물어볼 수도 있습니다. 상대가 응한다면 회복에 큰 도움이 되니까요. 어느 쪽이든 상대에게 분노를 터뜨리는 일보다 더 관계에 이롭습니다.

시험에 떨어졌다거나, 열심히 노력한 결과가 돌아오지 않아 화가 났다면, 자신에게 이 성취가 정말 중요한지 먼저 살펴봐야겠죠. 그리고 다시 도전할 기회를 찾아 더 열심히 노력하거나, 어떤 부분이 부족했는지 분석해 보완하는 선택을 할 수도 있어요. 전설적인 농구 스타 마이클 조던은 "나는 선수 시절에 수많은 패배를 경험했는데 그것이 내 성공의 기반이 되었다"라고 말했어요. 실제로 그는 청소년 시절 고교 농구팀 주전에서 탈락했고, 그 분노 에너지로 목표를 확실히 정하고 더 열심히 연습한 끝에 위대한 성공을 거뒀죠.

만일 상대의 강요 때문에 화가 났다면, 내 세계를 존중받으려는 욕구가 좌절되고 방어가 필요한 상황입니다. 이럴 때는 상대에게 선명하게 내 경계를 주장해야 합니다. 지금 화가 났음을 알리고, "당신의 행동을 절대로 용납하지 않겠다!"라는 뜻을 분명히 드러내는 거죠. 진정한 분노는 폭력이 아닌 단호함으로 드러납니다. 이런 태도는 상대가 날 희생양으로 삼지 못하게 하죠. 분노 에너지를 적절한 행동으로 바꿀 때 우리 삶에는 큰 변화가 생깁니다. 훗날 "축구 황제"로 불린 프란츠 베켄바워는 소년 시절, 당시 최고의 팀이었던 'TSV 1860 뮌헨' 팀에 들어가기로 되어 있었어요. 그런데 시합 중 상대 팀이었던 'TSV 1860 뮌헨' 선수가 프란츠의 빰을 때리는 일이 생깁니다. 골을 넣은 후 골 세레모니를 하며 도발을 한 프란츠에게 화가 난 거죠. 빰을 맞은 프란츠는 실력이 부족한데도 일류 팀 선수라는 이유로 오만하게 행동한 'TSV 1860 뮌헨' 팀 선수의 모습에 분노했어요. 하지만 즉시 화를 표출하지 않고 마음속으로 분노를 느끼며 축구 선수라면 누구나 가고 싶어 하는 'TSV 1860 뮌헨' 팀에 들어가지 않기로 결심합니다. 이후 프란츠는 실력이 뛰어난 자신의 친구 셋을 설득해

'FC 바이에른 뮌헨'팀으로 들어갑니다. 당시 2군이었던 이 팀은 프란츠의 가세로 독일 최고의 팀으로 올라섰고, 두 팀의 운명은 완전히 바뀌게 되죠.

분노는 그 사람에게 중요한 무엇이 관련되었다는 신호입니다. 그러니 나의 분노를 사려 깊게 살피듯, 상대의 분노도 조심스럽게 대하면 좋겠죠. 상대가 화를 낼 때는 먼저 내가 상대의 경계를 침해하지 않았는지 조심스레 살펴보세요. 맞받아치거나 방어하는 대신 자신이 경계를 넘어선 부분이 있다면 솔직히 인정함이 좋아요. 그러면 분노 에너지는 관계를 망치는 대신 신뢰를 단단히 쌓는 쪽으로 사용됩니다. 만일 세심히 살펴도 경계를 침해하지 않았다면, 상대는 과거의 영향 때문에 분노하고 있을 가능성이 있어요. 이런 경우 대부분 당사자는 현재의 분노가 과거 감정임을 인식하지 못해요. 이때는 분노의 책임자가 상대임을 인정하고, 한 걸음 물러나 기다려 주세요. 진정된 후에 왜 화가 났는지 대화해 보는 거죠. 만일 소중한 친구라면 아팠던 기억을 공감해 줄 수도 있겠죠.

분노 뒤에 숨은 욕구를 찾아내 적절한 행동으로 충족하면 분노는 사라질 뿐 아니라 만족과 행복, 성취를 얻게 됩니다. 분노는 경계를 보호하고 개성을 풍부하게 합니다. 행동할 힘과 창의력을 주죠. 인간이 불을 사용할 줄 알게 되었을 때 문명이 눈부시게 발전했듯, 분노를 존중하고 그 에너지를 건강한 방향으로 사용할 때 여러분이 진정 원하는 삶을 살게 됩니다.

02

심리학에서 배우는 치유의 힘

심리학이 발전하면서 사회에 가장 큰 공헌을 한 분야는 임상 심리학입니다. 인간의 심리적 고통과 질병을 진단하고 치료하는 분야죠. 정신 질환은 신체적 질병과 달리 원인과 증상이 뚜렷이 보이지 않아요. 오랜 역사 동안 정신 질환을 겪는 사람은 마녀 취급을 당하거나 귀신 들린 사람으로 오해받아 많은 고통을 겪었어요. 실은 치료를 받아야 하는 환자였는데 말이죠. 심리학은 눈에 보이지 않는 마음의 고통에 관심을 기울였고, 그 결과 몸처럼 마음 역시 병에 걸리고 치료도 가능하다는 사실을 밝혀냈습니다. 하지만 여전히 우울증에 걸린 사람은 '마음을 나약하게 먹어서 그렇다'거나, 심지어 정신병은 영적 현상이라고 말하는 사람이 있어요. 정신 질환에 대한 막연한 공포심과 편견은 오늘날도 남아 있죠. 그런데 정신 질환은 정말 무서운 걸까요? 그리고 과연 '정상'과 '비정상'의 차이는 무엇일까요?

'정상'과 '비정상'의 차이는 무엇일까?

우리는 누구나 우울, 불안, 분노, 짜증, 좌절 등의 감정을 경험합니다. 살아가다 보면 마음이 힘들고, 도저히 극복 못 할 듯한 순간도 만나게 되죠. 이런 힘든 시기에 '혹시 내가 문제가 있는 게 아닐까?'라는 고민을 하는 사람도 많아요. 그런데 이렇게 고통을 느끼면 다 비정상일까요? 아니에요. 사람의 정상적인 반응이랍니다. 도리어 심리적 고통을 인식하지 못해 어려움을 겪는 정신 질환도 있으니까요. 그렇다면 어느 정도의 고통부터, 그리고 어떤 경우에 치료가 필요한 걸까요?

사실 심리적으로 '정상'과 '비정상'을 구분하는 기준은 산과 바다를 구별하듯 뚜렷한 일이 아니랍니다. 비유하자면 정상과 비정상은 일직선 상에 있어요. 그 직선 위를 우리는 삶의 여러 상태에 따라 왔다 갔다 합니다. 삶이 활기차고 행복한 때가 있고, 우울하고 희망을 품기 어려운 때가 있듯 말이죠. 그래도 대부분의 사람은 크게 보면 그 움직임이 일정한 범위를 벗어나지 않습니다. 이 끝에서 저 끝을 오갈 만큼 극단적이지 않고, 갔다가도 스스로 돌아올 만한 범위 안에 있는 거죠. 그러나 간혹 삶의 충격적 사건이 너무 크거나, 스스로 회복하기에 힘이 부족하거나, 유전적으로 취약해 한쪽 극단으로 치우치는 경우가 있어요. 이런 경우를 우리는 비정상, 즉 도움이 필요한 상태라고 합니다. 몸이 아플 때를 생각해 보면 쉽게 이해가 되죠. 몸이 좀 피곤하거나 웬만큼 감기 기운이 있어도 대부분 사람은 잘 쉬고 잘 먹으면 낫겠지 생각하고 일상생활을 합니다. 그러다 정말 감기가 심해져 열이 나고 고생하게 되면 병원에서 치료를 받고 약을 먹습니다. 이런 때를 정상적인 몸 상태에서 일탈한 상태, 즉 '비정상'이라고 하죠. 누구나 이런 비정상 상태를 경험하지만 내 존재 자체에 문제가 있다거나, 돌이키지 못할 큰 결함이라고 생각지 않아요. 심리적 건강 또한 마찬가지입니다. 특히 '마음의 감기'라 부르는 우울증 같은 경우는 누구나 평생에 한 번 정도 경험할 가능성이 있어요. 심리적 질병은 치료가 필요한 상태일 뿐 나약함의 증거가 아닙니다.

몸의 질병과 마찬가지로 심리적 질병도 일찍 발견해서 치료할수록 더 치료가 쉽고 빨리 낫습니다. 그런데 정신 질환에 대한 편견 때문에, 대부분 증상 초기에 치료를 받으러 가기보단 병을 숨기죠. 그래서 더는 감당하지 못할 수준이 되어서야 치료를 받으러 오는 경우가 많습니다. 안타깝게도 이런 경우 완치가 어려운 병도 있어요. 정신 분열증이라고 불리던 조현병이 대표적입니다. 초기에 증상이 나타날 때 빨리 치료를 받으면 완치도 가능하고 회복도 빠르지만, 병이 너무 진행되고 나면 평생 증상을 안고 살아가야 하죠.

그러면 어떤 경우 치료가 필요할까요? 전문가가 치료가 필요하다고 판단하는 데는 기준이 있습니다. 첫째는 '그 사람이 현실에 적응하고 조화를 이루는 데 어려움을 겪는가?'입니다. 예를 들어 분노 조절이 안 되는 사람은 화가 나면 폭력적으로 변하고 욕설을 하거나 물건을 부수는 행동으로 자신과 주변 사람을 해치게 됩니다. 그러면 학교, 직장에서의 생활과 대인 관계에 심각한 갈등이 생기죠. 이런 경우 이 사람의 적응 기능이 손상되었다고 보게 됩니다. 두 번째 기준은 '당사자가 얼마나 고통스럽게 느끼는가?'입니다. 사회적으로 성공하고 잘 적응한 사람 중에도 불안, 우울, 외로움, 열등감 때문에 고통을 느끼는 사람이 많습니다. 남들이 어떻게 평가하는가와 상관없이 본인이 심한 고통을 느낀다면 도움이 필요하죠. 스스로 고통을 억지로 참으면서 사회적으로 '괜찮은' 모습을 유지하는 일은 심한 스트레스일 뿐 아니라 개인의 삶을 불행하게 합니다. 세 번째는 '그 사회의 문화적 규범에 크게 벗어나지 않는가?'입니다. 각 사회는 저마다 그 시대에 맞는 문화적 규범이 있습니다. 사람들이 더불어 삶을 이루어 가면서 필요해서 생긴 여러 관계의 질서들이죠. 예를 들어 우리 사회에는 '공공장소에서는 속옷 차림이나 알몸을 드러내지 않는다'는 규범이 있습니다. 그런데 노출증을 앓는 사람은 공공장소에서 성기를 드러내 이성에게 보이죠. 이런 경우 치료가 필요하다고 판단합니다. 물론 사회 규범을 무조건 잘 지켜야 건강하다는 말은 아닙니다. 사회 규범은 시대가 변화하면서 계속 수정 보완되어 가니까요. 규범을 너무 경직되게 지키느라 도리어 적응을 잘 못 하거나 본인이 고통을 받는 경우도 치료가 필요해요. 마지막 기준은 '통계적 기준에서 크게 벗어나는가?'입니다. 사람의 특성을 측정해서 그래프를 그리면 종을 엎어 놓은 듯한 모양(⋂)이 됩니다. 즉, 평균값에 해당하는 사람이 제일 많고 평균에서 멀어질수록 수가 줄어들죠. 이때 평균값에서 크게 멀어진 경우 '비정상'이라고 말합니다. 예를 들어 아이큐는 100이 평균값이고 30점 이상 차이가 나는 상태, 즉 70 이하는 '정신 지체'라고 보죠. 주의할 점은 30점 이상 높은 130점도 '비정상'에 속한다는 사실입니다. 통계적으로 비정상이라고 해서 꼭 부정적인 특성은 아니랍니다. 심리 치료사는 이런 네 가지 기준을 참고해서 그 사람에게 도움이 필요한지 확인하고, 치료를 결정하게 됩니다.

몸의 병에 원인이 있듯, 마음의 병도 원인이 있죠. 수많은 심리학자가 무엇이 인간의 마음을 병들게 하는지, 어떻게 예방할지 알고자 노력했습니다. 제일 먼저 학자들이 밝혀낸 점은, 심리적 질병이 생기는 경로는 무척 다양하다는 사실입니다. 단순한 공식으로 쉽게 설명하지 못한다는 걸 인정했죠. 심리학계 내에서도 유전의 힘을 더 강하게 믿는 학자들과 환경의 영향력을 더 중요시하는 학자들, 심리적 특성을 더 중요시하는 학자들이 논쟁을 벌이고 있습니다. 그러나 이 모든 요소가 영향을 미친다는 걸 대부분이 인정합니다.

불안이 높고 생리적으로 민감한 유전자를 타고났거나, 성장 환경에서 학대나 방임 등 나쁜 양육 때문에 건강하지 않은 신념을 가졌거나, 몸이 약하고 질병이 있는 등 개인이 가진 부정적 특성을 '취약성'이라고 합니다. 약한 영역은 개개인이 모두 다르죠. 정도 차이만 있을 뿐 대부분 사람은 취약성을 가지고 있습니다. 그러나 그 모든 사람이 정신 질환에 걸리진 않죠. 취약성을 가진 사람이 삶에서 불행한 사건을 만날 때 문제가 생깁니다. 불행한 사건은 교통사고, 이혼, 실직, 사별, 성추행 등 다양하죠. 이런 강렬한 스트레스 사건이 개인의 취약성과 만나 정신 질환을 일으킨다는 이론이 바로 '취약성-스트레스 모델'입니다. 취약성은 가벼운 수준인데 너무 큰 스트레스 사건이 생겨 병이 들 수도 있고, 별로 큰 스트레스 사건이 없어도 취약성이 너무 높아 쉽게 질병이 생길 수도 있죠. 취약성이나 스트레스 사건 둘 중 하나만으론 정신 질환이 생기지 않는다는 말이에요. 약간 다른 관점으로 신체적 질병과 심리적 질병의 구분 없이 모든 병은 생물학적 요인과 심리적 요인, 사회적 요인이 서로 상호 작용하여 생긴다는 '생물 심리 · 사회적 모델'도 있습니다.

심리적 질병: 아픔의 이름들

모든 심리 치료 이론이 병을 진단하고 분류하진 않습니다. 실존 치료나 인간 중심 치료의 입장에선 정신병을 진단하고 병명을 붙이는 일을 비판하기도 하죠. 그럼에도 '진단'에는 이전에 비슷한 증상을 겪었던 사례들에서 치료 방법과 증상 이해의 도움을 받고, 어떻게 진전되고 회복될지 예상하고 효과적인 치료를 선택하는 장점이 있습니다. 그래서 우리나라도 대부분의 심리 치료 현장에서 정확한 검사와 진단을 보조 수단으로 활용해요. 여러분이 임상 심리사처럼 모든 질병의 이름과 특징을 다 알고 있을 필요는 없지요. 그래도 사람들이 공통으로 겪는 심리적 고통에 어떤 영역과 특징이 있는지 간단하게 소개하려 합니다. 여러분 자신이나 주변 친구가 혹시 심리적 고통을 만나게 되었을 때 마냥 자책하거나 비난하기보다, '아, 지금 이런 어려움을 겪고 있어 도움이 필요한 상태구나'라고 이해하는 데 도움이 된다면 좋겠어요.

대부분의 정신 질환이 10대 중반에서 20대 초반에 처음 발병한다고 해요. ADHD(주의력결핍 과잉행동장애)처럼 아동기 때부터 진단이 되는 병도 일부 있습니다. 그러나 대부분의 정신 질환은 만 18세 이전에는 정식으로 진단이 되지 않죠. 많은 경우 가지고 있던 취약성이 신체적, 심리적으로 불안정해지는 청소년기에 스트레스 사건과 만나 표면으로 나오게 됩니다. 그래서 청소년기의 심리적 건강은 어느 때보다 중요하죠. 그리고 혹시 심리적 어려움이 나타나도 청소년기에 발견해 도움을 받으면 훨씬 유익합니다. 어떤 증상이든 청소년기에 빠르게 치료를 시작하면 대부분 완치될 뿐 아니라, 더 나은 심리적 건강을 유지하며 평생 살아가게 되니까요.

전 세계적으로 심리적 질병을 분류, 진단하는 데 주로 사용되는 공통 기준이 있습니다. 현재는 DSM-5를 사용하죠. 원래 이 기준은 미국에서 개발하여 지금까지 내용을 계속 수정, 보완하며 쓰고 있습니다. 현대 심리학에 가장 큰 영향력을 미치는 미국 심리학계의 진단 기준이 지금은 보편적으로 사용되고 있죠. DSM-5는 크게 정신 장애의 범주를 20가지로 나눕니다. 많이 들어 본 우울증, 불안 장애, PTSD(외상 후 스트레스 장애) 등은 이 각 범주에 속해요. 간단하게 소개하면 아래와 같습니다.

1	신경 발달 장애	지적 장애/의사소통 장애/자폐 스펙트럼 장애/주의력 결핍, 과잉 행동 장애/특정 학습 장애/운동 장애
2	정신 분열 스펙트럼 장애	망상 장애/단기 정신증적 장애/정신 분열형 장애/조현병/분열 정동 장애
3	양극성 및 관련 장애	제1, 2형 양극성 장애/순환성 장애
4	우울 장애	파괴적 기분 조절 곤란 장애/주요 우울 장애/지속성 우울 장애/월경 전 불쾌 장애
5	불안 장애	분리 불안 장애/선택적 함구증/특정 공포증/사회 불안 장애/공황 장애/광장 공포증/범불안 장애
6	강박 및 관련 장애	강박 장애/신체 변형 장애/저장 장애/발모벽/피부 벗기기 장애
7	외상-및 스트레스 사건-관련 장애	반응성 애착 장애/탈억제 사회 관여 장애/외상 후 스트레스 장애/급성 스트레스 장애/적응 장애
8	해리 장애	해리성 정체감 장애/해리성 기억 상실증/이인증/비현실감 장애
9	신체 증상 및 관련 장애	신체화 장애/질병 불안 장애/전환 장애/허위성 장애
10	급식 및 섭식 장애	이식증/반추 장애/회피적, 제한적 음식 섭취 장애/신경성 식욕 부진증(거식증)/신경성 폭식증/폭식 장애
11	배설 장애	유뇨증/유분증
12	수면-각성 장애	불면 장애/과다 수면 장애/수면 발작증/호흡 관련 수면 장애/일주기 리듬 수면-각성 장애/수면 이상증
13	성 기능 장애	남성 성 기능 장애/여성 성 기능 장애
14	성 불편증	성 정체감 장애
15	파괴적, 충동 통제 및 품행 장애	적대적 반항 장애/간헐적 폭발성 장애/ 품행 장애/방화벽/도벽

16	물질 관련 및 중독 장애	알코올 관련 장애/니코틴 관련 장애/ 카페인 관련 장애/칸나비스 관련 장애/ 환각제 관련 장애/흡입제 관련 장애/ 아편류 관련 장애/ 진정제, 수면제, 항불안제 관련 장애/ 자극제 관련 장애/비물질 관련 장애: 도박 장애
17	신경 인지 장애	섬망/주요 및 경도 신경 인지 장애
18	성격 장애	A군 성격 장애: 편집성 성격 장애/분열성 성격 장애/ 분열형 성격 장애 B군 성격 장애: 반사회성 성격 장애/ 경계선 성격 장애/연극성 성격 장애/ 자기애성 성격 장애 C군 성격 장애: 회피성 성격 장애/ 의존성 성격 장애/강박성 성격 장애
19	성 도착 장애	관음 장애/노출 장애/접촉 마찰 장애/ 성적 피학 장애/ 성적 가학 장애/아동 성애 장애/ 물품 음란 장애/의상 전환 장애/기타 성 도착 장애
20	기타 정신 장애	

1. 신경 발달 장애는 실제로 뇌 신경망의 발달에 문제가 있거나 신경 자극과 조절, 반응에 어려움을 겪어 나타나는 장애들입니다.

2. 정신 분열 스펙트럼 장애는 조현병을 비롯한 정신 분열 증상이 나타나는 질병들이 속합니다. 자신이 재림 예수라거나 누군가 자신을 도청한다는 등 비현실적인 망상, 현실이 아닌 소리를 듣거나 이미지를 보는 환각, 혼란한 움직임과 언어 등을 증상으로 나타내죠.

3. 양극성 및 관련 장애는 흔히 조울증이라고 부르는 질병군이 속합니다. 기분이 무척 들뜨고 힘이 넘쳐 무엇이든 해낼 듯한 조증 상태와 무척 우울하고 무기력하며 비참해지는 우울 상태를 주기적으로 오가

는 질병이죠.

4. 우울 장애는 의욕과 즐거움이 사라지고 무기력과 비관적인 생각, 자살 사고가 생기는 질병군입니다.

5. 불안 장애는 다양한 상황에서 극심하고 조절이 어려운 불안을 경험하는 질병이 속합니다. 막연히 미래에 대한 불안과 비관적 예상에 시달리는 불안부터 애착 대상과의 분리에 큰 불안을 느끼거나, 특정 상황이나 대상에 공포를 느끼기도 합니다.

6. 강박 및 관련 장애는 원치 않는 행동, 생각을 반복하며 고통받는 질병입니다. 세균 감염이 두려워 매일 수십 번 손을 씻거나, 자신의 외모가 못생겼다는 생각에 병적으로 집착하기도 하죠. 불안을 줄이기 위해 손톱을 뜯거나 머리카락을 뽑고, 물건을 병적으로 모으기도 합니다.

7. 외상 및 스트레스 관련 장애는 큰 충격을 경험한 사건 때문에 뇌가 그 경험을 제대로 처리하지 못해 현실 적응에 어려움을 겪고, 과거 사건의 영향을 반복해 경험하는 장애입니다. 특히 성장 과정에서 애착 대상에게 외상을 입어 애착 장애가 생기는 예도 있습니다.

8. 해리 장애는 의식, 기억, 정체감과 환경 인식에 급격한 변화가 생기는 장애입니다. 일정 기간의 기억을 잃어버리거나, 자신이 누군지 잊은 채 갑자기 떠나거나, 한 사람 안에 두 개 이상의 인격이 존재하는 예도 모두 해리 장애에 속합니다. 주로 충격적 사건 후에 나타나죠.

9. 신체 증상 및 관련 장애는 의학적으로 큰 문제가 없는데 몸이 아프

다고 계속 증상을 호소하거나, 병에 걸릴까 과도한 걱정을 하거나, 심리적인 고통이 신체적 고통으로 나타나는 등의 증상을 보입니다.

10. 급식 및 섭식 장애는 먹으면 안 되는 물질을 계속 먹거나, 음식을 삼키지 못하는 등 먹는 데 생기는 전반적인 문제를 다루죠. 거식증과 폭식증도 여기 속합니다.

11. 배설 장애는 대소변을 가릴 능력이 충분히 생긴 나이임에도 배설을 조절하지 못하는 질병입니다.

12. 수면-각성 장애는 잠과 관련된 여러 증상을 다룹니다. 불면증, 활동하다 갑작스레 잠이 들어 버리는 기면증, 심한 악몽 장애와 몽유병 등도 모두 여기에 속하죠.

13. 성 기능 장애는 남녀가 건강한 성관계를 맺는 데 장애가 되는 전반적인 증상을 다룹니다. 조루증이나 발기 장애, 절정감 장애 등도 모두 여기에 속합니다.

14. 성 불편증은 자신이 타고난 성에 대해 불편함과 불만을 느끼고 다른 성이 되고자 하는 강렬한 열망을 나타내는 질병입니다. 단순히 동성을 좋아하는 동성애자는 여기에 해당하지 않죠.

15. 파괴적, 충동 통제 및 품행 장애는 주로 폭력적이고 분노 조절에 어려움을 겪으며 충동 통제가 되지 않아 사회적 피해를 일으키는 행동을 하는 질병들입니다. 18세 이전의 청소년에게 진단되는 품행 장애도 여기에 속합니다.

16. 물질 관련 및 중독 장애는 다양한 중독에 대해 다룹니다. 스스로

조절하지 못하고 계속 중독 자극에 의존해 삶 전반에 피해를 보는 질병군입니다.

17. 신경 인지 장애는 의식이 혼미하거나 주의 집중 및 기억, 언어, 현실 판단 능력에 이상이 생기는 질병입니다. 치매도 신경 인지 장애 증상으로 볼 수 있습니다.

18. 성격 장애는 어릴 때부터 점진적으로 굳어져 온 건강하지 못한 인지와 행동 양식이 성격으로 굳어져 사회적 적응에 어려움을 일으키는 장애입니다. A군 성격 장애는 기이한 행동 특성을 나타냅니다. 편집성 성격 장애는 특히 의심이 많고 타인의 의도를 적대적으로 보며 복수심이 강하고 왜곡된 사고를 합니다. 의처증, 의부증이 잘 나타나기도 하죠. A군은 주로 사회적 관계에서 사람을 적대시하거나 불편해하고 고립되는 경우가 많습니다. B군 성격 장애는 극적인 감정 변화가 많고 사회적 관계에서 다양한 방식으로 타인에게 영향력을 미치거나 지배하려는 특징을 보입니다. 특히 경계선 성격 장애는 자기상이 무척 불안정해서 애정을 얻기 위해 무척 헌신적으로 노력하다가, 상대가 자신의 비현실적 기대를 충족하지 못하면 돌변해 자해하거나 폭력을 행사하는 등 파괴적인 행동을 하기도 합니다. B군은 전반적으로 공감 능력이 낮고 불안정한 정서를 갖고 있죠. C군 성격 장애는 불안과 두려움에 지속해서 시달립니다. 타인의 부정적인 평가나 거절이 두려워 지나치게 예민하죠. 감정을 억제하거나, 상대에게 무조건 순종해서 애정을 얻어 내려는 양상을 보입니다. 불안 때문에

강박적으로 완벽을 추구하며 사소한 일에도 집착하고 자기만의 질서를 유지하려 애쓰기도 하죠. 성격 장애로 굳어진 경우 치료가 상당히 어렵지만, C군이 비교적 치료받으려는 시도도 많이 하고 치료 효과가 잘 나타나는 편에 속합니다. A군과 B군은 스스로 치료 환경에 잘 들어오지 않고 치료 효과도 낮죠. 특히 B군은 스스로 전혀 문제 의식을 못 느끼기도 합니다.

19. 성 도착 장애는 성과 관련된 다양한 비정상적인 욕구와 병적인 집착을 다룹니다. 건강한 성욕과 성생활에 문제가 있는 다양한 질병이 여기에 속하죠.

마음의 면역력을 높이는 심리적 백신

여러 정신 질환에 대해 배우다 보면 다 자기 이야기 같아서 마음이 착잡해지는 경험을 하는 사람이 많습니다. 정도 차이는 있지만, 누구나 다양한 심리적 불편함과 고통을 느껴 보았다는 의미겠죠. 삶이 늘 예측할 만하고 안정되어 있다면 좋겠지만, 사람은 미래를 알지 못한 채 살아갑니다. 고통은 불청객같이 삶에 찾아오곤 하죠. 이런 순간에 우리는 막막함과 좌절을 느끼고, 자신이 한없이 작고 초라한 듯한 느낌을 받습니다. 이 모든 일을 과연 내가 다 극복해 낼지, 삶에 햇살은 다시 들지 불안해지죠. 심리학은 인간이 연약함을 인정합니다. 노력과 정신력으로 모든 일을 극복하거나, 끊임없이 성장하기만 하는 존재가 아님을 잘 알죠. 살아가려면 부드러운 돌봄도, 적당한 휴식과 영양 공급도, 관계 속에서 누리는 행복과 애정도 필요함을 심리학은 알고 있습니다.

어려운 일이 찾아왔을 때 나를 지킬 힘은 어디서 나오는 걸까요? 몸의 면역력이 병균과 싸우고 신체를 질병에서 보호하듯, 마음에도 '심리적 면역력'이 있습니다. 어려운 상황 속에서도 삶이 방향을 잃지 않도록 하고, 어려움을 무사히 통과해 더 성장하도록 돕는 힘이죠. 심리적 면역력이 높으면 불필요한 고통을 받지 않게 스스로 보호합니다. 그렇다면 어떻게 심리적 면역력을 높이고, 잘 관리할 수 있을까요?

면역력을 높이는 첫 번째 심리적 백신은 '건강한 자존감'입니다. 건강한 자존감을 가진 사람은 자신의 장점뿐 아니라 한계도 있는 그대로 인정하고 다양한 특성을 편안히 수용합니다. 이뿐만 아니라 상대의 모습도 있는 그대로 인정합니다. 그래서 건강한 자존감을 가진 사람은 열등감이나 우월감, 과도한 경쟁심을 잘 갖지 않습니다. 결과적으로 내면이 안정되죠. 동시에 건강한 자존감을 가진 사람은 환경적으로 생기는 여러 문제에 잘 대처하리라는 기본적인 믿음을 갖고 있습니다. 자신이 삶을 잘 통제하고 있고, 원하는 일을 해낼 힘이 있다고 믿죠. 그래서 원하는 일과 환경을 적극적으로 선택하고, 스스로 만들어 갑니다.

두 번째 백신은 '건강하고 친밀한 관계'입니다. 심리적 면역력이 높은 사람은 공감 능력이 좋습니다. 그래서 타인의 행복에도 관심을 두고, 상호 소통을 잘 해내죠. 특히 갈등 상황에서 높은 공감 능력은 효과적인 중재의 힘을 발휘합니다. 건강한 관계의 기초는 신뢰와 책임이죠. 심리적 면역력이 높은 사람은 서로 신뢰하는 따뜻한 관계를 만들고, 그 관계를 책임감 있게 잘 가꿔 갑니다. 서로 깊이 신뢰하는 친밀한 관계는 마치 안전띠 같아서, 삶의 위기가 찾아와도 자신을 지킬 강한 힘이 되어 주죠.

세 번째 백신은 '독립성'입니다. 혼자 있는 시간도 즐길 줄 알며, 어떤 일을 선택하고 결정할 때 자신의 내적 기준에 따라 독립적으로 결정합니다. 자신의 행동이나 생각을 통제하려는 사회적 압력에 저항

하는 힘이 있고, 개성적이고 자유로운 내면 세계를 갖고 있습니다. 외부의 기준보다 자신의 내면적 기준에 따라 자신을 평가하죠. 그래서 사회나 주변 사람들의 평가, 비교, 경쟁에 불안해하지 않고 자신이 추구하는 방향으로 나아갑니다.

네 번째 백신은 '성장과 의미 추구'입니다. 심리적 면역력이 높은 사람은 자신이 지속적으로 성장한다는 느낌을 받습니다. 꼭 눈에 보이는 기준이 아니어도 자기 생각이 발전하고 내면이 성숙하고 있고, 잠재력이 실현되는 방향으로 가고 있다고 느끼죠. 성장을 추구하는 사람은 새로운 경험에 개방적이고 성장을 위한 변화를 유연하게 받아들입니다. 그리고 지속해서 발전하려고 노력하죠. 동시에 자신의 삶에 의미와 목적이 있다고 생각합니다. 현재와 과거의 삶이 모두 의미가 있다고 느끼죠. 그리고 삶 전체를 통해 실현하고픈 일관된 목적과 의미를 추구해 갑니다.

마지막 백신은 '현실 감각'입니다. 심리적 면역력이 높은 사람은 자신을 과대하게 인식하거나, 다른 사람의 말과 행동을 왜곡하지 않습니다. 현실의 상황과 일어난 사건을 있는 그대로 인식하고, 대처 방안을 생각하죠. 인간의 뇌는 객관적이지 못합니다. 신념에 따라 주관적 해석을 많이 하죠. 과거에 많은 학대를 당했다면 상대의 행동에서 어떻게든 나를 해치려는 의도를 찾아내거나, 불안이 높다면 일어난 일을 과도하게 위협적으로 인식하는 식입니다. 이렇게 인식하면 당연히 자신의 반응도 달라지고, 결국 경험하는 현실에 영향을 미치죠. 그래서 현실을 있는 그대로 보는 힘은 심리적 면역력에 큰 부분을 차지합니다.

어떻게 이런 백신을 키워야 할지 막연한 사람도 있겠죠. 이런 능력 하나하나는 굉장해 보이지만, 이 기량들이 자라는 자리는 바로 여러분의 일상적인 삶입니다. 먼저 자신을 있는 그대로 잘 알아 가려고 노력해 봐요. 내 장점을 꾸준히, 최소 50개 이상 찾아보세요. 자신을 비난하거나 자학하는 생각과 말들을 찾아내고, 그 말들을 바꾸는 연습을 해보세요. 말을 바꾸기만 해도 실제로 많은 뇌 신경망이 달라진답니다. 공감 연습을 꾸준히 하고, 내 이익을 따지거나 경쟁해서 이기려는 의도를 내려놓고 사람을 만나 보세요. 친구와 한 약속은 지키려고 노력하고, 남들이 어떻게 생각할까 따지지 않고 순수하게 내가 원하는 일을 찾아보고, 실천하는 연습을 해 보세요. 혼자 있는 시간을 만들고 그 시간을 즐겁게 보낼 계획을 세워 실천해 보는 일도 좋은 방법이에요. 내가 정말 살고 싶은 삶의 모습이 무엇인지 고민하고, 그 삶을 위해 작은 것부터 하나씩 노력해 보세요. 만일 속상한 일이 생겼다면 감정에 따라 행동하는 대신, 오늘 객관적으로 일어났던 사건은 무엇이고, 어떤 말이 오갔는지 있는 그대로 정리해 보는 습관을 만들어 보세요. 이런 작은 노력이 당장은 하찮은 듯하지만, 바로 여러분의 심리적 면역력을 높이고, 결국에는 자신의 모습을 새롭게 바꾸는 큰 힘이 됩니다. 지금 내가 심리적 백신이 모자란 듯해도 실망하지 않아도 됩니다. 여러분의 경험, 특히 10대인 지금의 선택과 행동은 여러분의 삶에 큰 영향을 줍니다. 연구에 의하면 사람의 성격은 10대에 형성되기 시작해 20대에 대부분 완성이 되고, 30세 이후론 잘 변하지 않는다고 해요. 여러분이 지금 하는 선택과 경험은 모두 성격 형성에 큰 영향을 미친답니다. 그러니 오늘부터 시작해도 늦지 않아요. 여러분의 매일이 여러분을 만들어 갈 수 있답니다.

궁금해요!

① 마음이 아파 도움이 필요할 때 어떻게 해야 하나요?

단지 사건의 크기만 다를 뿐, 많은 사람은 이미 마음의 아픔에 친숙합니다. 그렇다면 고통이 찾아왔을 때 우린 어떻게 해야 할까요? 혼자서 도저히 이겨 내지 못할 듯한 때, 아무도 관심이 없고 혼자 버려진 듯한 때 말이죠. 패배자, 낙오자, 열등한 존재가 된 듯 느껴지는 순간, 언제 이 고통이 끝날지조차 알지 못할 때 어떻게 자신을 지켜야 할까요?

그럴 때 심리학에게 도움을 요청하세요. 심리적 건강의 지표 중에 '회복 탄력성'이 있어요. 스트레스에 잘 대처하고 타격을 입었을 때 회복하는 능력이죠. 이 능력이 좋은 사람의 특징 중 하나는 스트레스 상황일 때 혼자 모든 일을 해결하려 하거나 무조건 버티기보다, 외부의 도움을 적극적으로 찾습니다. 그러니 힘들 때 외부의 도움을 요청하는 일은 회복 탄력성을 높이는 선택이죠. 심리 치료와 상담, 정신 의학은 사람이 약해졌을 때나 치료가 필요할 때 도우려고 만들어졌어요. 여러분의 학교마다 상담교사가 고용되고, 지역마다 청소년이 무료로 상담받을 수 있는 Wee센터, 청소년 지원 센터가 생기는 이유도 이 때문이지요. 1388은 언제든 여러분이 전화를 걸면 상담사와 통화가 연결되도록 나라에서 만든 번호예요. 이

모든 것이 여러분을 위한 도움의 손길입니다.

비밀이 지켜지지 않을까 봐 학교 안에서 상담을 받는 일이 불안한 사람도 있을 거예요. 용기를 내어 병원이나 상담 센터를 찾아갔는데 도리어 실망하고 상처받은 사람도 있을지 몰라요. 학교와 병원에 기록이 남거나 다른 사람에게 알려질까 봐 불안하다면, 사설 상담 센터에 찾아가 보는 것도 방법입니다. 좋은 센터엔 잘 훈련받은 실력 있는 상담사도 많답니다. 단 이런 곳은 비용을 내야 해요.

그런데 안타깝지만 아직은 제대로 훈련받지 않은 상담사가 있는 상담 센터도 많아요. 그래서 여러분이 좀 더 믿고 선택할 최소한의 기준이 있으면 좋겠어요. 상담사를 만나기 전에 그 사람이 가진 자격을 확인해 보세요. '여성 가족부'에서 주는 '청소년 상담사 2급' 이상이거나 '상담 교사 2급' 이상, 아니면 '한국 상담 심리학회'에서 주는 '상담 심리사 2급' 이상이나 '한국 상담학회'에서 주는 '전문 상담사 2급' 이상의 상담사이면 좋아요. '한국 임상 심리학회'에서 주는 '임상 심리 전문가' 자격이나 국가에서 주는 '임상 심리사' 자격이 있어도 좋습니다. 이 자격들은 상담 및 임상을 전공해 석사 이상의 학위를 받고, 전문 수련 과정을 수년간 거쳐 받는 자격이에요. 그만큼 제대로 훈련되지 않은 상담사를 만날 위험은 줄이게 되죠.

② 좋아하는 마음과 사랑하는 마음은 어떤 차이가 있나요?

누군가에게 호감을 느끼는 일은 자연스럽게 일어납니다. 어느 순간 상대가 나와 통하고 공통 분모가 많음을 알게 되거나, 내가 좋아하고 바라는 모습을 상대에게서 발견할 때 설레는 마음이 불쑥 찾아오죠. 좋아하는 감정이 생기면 마치 그 사람 위에만 조명이 켜진 듯 행동 하나하나가 눈에 들어옵니다. 상대의 눈빛, 말 한마디도 특별하게 여기고 의미를 부여하게 되죠. 그리고 상상의 나래를 펼쳐 그 사람과 내가 함께할 때 얼마나 행복할지, 상대에게 사랑받는 일은 얼마나 기쁠지 그리게 됩니다. 마음이 커질수록 이 소망을 실현하기 위해 상대에게 다가갈 수는 없을지, 행여 거절당하지는 않을지 혼자서 수없이 상상하며 고민하죠.

상대에게 호감을 느끼는 일은 순전히 내 마음 안에서 일어나는 일이에요. 그래서 누군가에게 끌리면 아직 다 알지 못하는 나머지 모습을 나의 상상으로 채워 넣기도 합니다. 그렇게 우리는 직접 만나기 어려운 아이돌이나 연예인도 정말로 좋아할 수 있죠. 여기까지는 우리가 누군가 '좋아하며' 일어나는 일입니다.

'사랑'은 여기서 한 걸음 더 나아갑니다. '내 안의 상대'가 아니라 '현실의 상대'에게 다가가 그 사람의 있는 그대로를 알아보고, 상호 작용하는 '관계를 만드는 일'이죠. 내가 좋아하는 면만이 아닌, 상대 그 자체를 수용하고 나의 있는 그대로를 상대에게 보여 주는 용기가 필요합니다. 끊임없이 소통하고 서로에 대해 알아 가며 기꺼이 상대를 배려하는 존중이 사랑에는 있어요. 서로를 위해 기꺼이 시간과 에너지, 우선순위를 내주는 헌신, 두 사람 사이의 약속과 신뢰를 지키려는 노력이 사랑에는 있죠. 내 기분과 상관없이 이 관계를 지키고 가꿔 가겠다는 책임감이 사랑에는 있습니다. 사랑은 두 사람이 함께 노력하여 만들어 가는 관계이자 과정입니다. 사랑은 마치 식물과 같아서, 잘 가꾸고 돌보면 점점 튼튼해지며 아름답게 성장합니다. 자라갈수록 사랑은 좋아하는 것 뿐 아니라 우정, 신뢰, 친밀함, 편안함 등 다양한 감정으로 풍성해지죠. 그러나 가꾸지 않으면 시들어 죽고 맙니다.

4부

진로와 학습,
심리학에게 물어봐!

01

사춘기,
내가 이상해!

여러분이 자신을 어떻게 이해해야 할지, 지금 내 몸과 마음에 일어나는 변화가 무엇 때문인지, 살펴보겠습니다. 여러분이 막 태어났을 때는 엄마와 자신이 분리된 존재인 줄 몰랐을 겁니다. 그런데 몸과 마음이 쑥쑥 커서 어느새 진정한 '자아'를 만날 때가 되었어요. 여러분이 성장해서 10대에 들어서면 몸속의 시계가 움직여 몸과 마음을 성숙시킬 준비를 시작합니다. 성장 호르몬과 성호르몬이 쏟아져 나오고, 뇌는 명령하기 시작하죠. "부모에게서 독립해! 독립하라고!" 바야흐로 사춘기의 시작입니다.

진정한 나를 알게 되다: 자아 정체감

발달 심리학자인 에릭슨Erik Homburger Erikson 1902~1994은 이 시기를 '자아 정체감 확립 대 정체감 혼미'의 과제 시기라고 했어요. 청소년기에 이 발달 과제를 잘 수행하면 자아 정체감이 건강하게 확립되고, '나는 누구인가?'에 대해 안정된 인식을 갖습니다. 그러나 이 시기에 과제 수행을 못 하면 정체감이 제대로 형성되지 않아 계속 혼란이 남죠. 아동기는 부모에게 의존해야만 살 수 있어요. 그래서 몸과 마음이 부모님의 가치와 생활 양식에 적응되어 있습니다. 그러다 청소년기에 들어서면 홀로 살아갈 준비, 즉 '성인'이 될 준비를 시작하죠. 그래서 우리의 두뇌와 몸은 대대적인 개혁을 합니다. 사춘기에는 정서적으로 민감할 뿐 아니라 불안정해요. 쉽게 짜증이 나거나 화가 나기도 하고, 무척 기분이 좋았다가 금방 우울해지기도 합니다. 이런 일이 생기는 이유는 우리의 두뇌가 대규모 가지치기 작업을 하기 때문이에요. 그동안 발달했던 전두엽의 시냅스 중에 자주 쓰는 필요한 것들만 남기고 나머지를 잘라 내죠. 그래서 합리적 판단에 도움을 주는 전두엽의 기능이 떨어지고, 정서 반응의 주체인 변연계 부분을 주로 사용하게 됩니다.

피아제Jean Piaget 1896~1980는 이 시기를 '형식적 조작기'라고 불렀는데, 이 시기 정체감을 확립하기 위해 나타나는 두 가지 특징이 있다고 해요. 첫 번째는 '추상적 사고'입니다. 원래 아동기에는 자신이 경험하고 배우지 못한 세계나 개념에 대해서는 이해하기 어려워요. 청소년기에 들어서야 비로소 자신이 경험하지 못한 세계와 관념에 대해서도 생각할 능력이 생기죠. 그래서 상상력과 초월적인 사고가 비약적으로 발달합니다. 초능력, 판타지, 영적 세계 등에 강한 호기심을 가지는 것도 추상적 사고가 발달하는 동시에 현실적 판단 능력은 위축되는 청소년기의 특징 때문이죠. 이 시기 추상적 사고 능력이 잘 발달하는 일은 중요해요. 이 능력이 있어야 자신이 경험하지 않은 다른 사람의 삶도 상상하고 이해하게 되니까요. 비로소 '심리적 세계'가 넓어지게 됩니다. 또 사춘기에 청소년이 뜻밖에 많이 고민하는 개념은 '죽음'이에요. 처음으로 삶, 영원, 존재, 신 같은 형이상학적인 개념을 갖게 되기 때문에 '나는 어떤 존재인가?', '내 삶의 의미는 뭘까?', '죽으면 어떻게 될까?', '죽음 뒤에는 뭐가 있을까?' 같은 생각을 하게 됩니다. 사실 자신의 존재가 사라진 상태, '비존재'를 생각하는 일은 무척 성숙한 관념이에요.

추상적 사고가 발달하면 현실을 보며 이상적인 세상을 상상하는 일이 가능해져요. 즉, 선과 악, 정의 등 자신만의 이상적인 기준을 비로소 갖게 되죠. 아이러니하게도 바로 이 능력이 '반항'의 주범이랍니다. 그동안 당연히 옳고 무조건 따르면 된다고 믿었던 부모님, 학교 선생님에게서 이상적인 기준으로 봤을 때 불완전하고 모순되는 모습을 발견합니다. 그리고 나를 통제하는 권위가 완전하지 않다는 사실에 분노와 좌절을 느끼게 되죠. 이런 분노와 좌절감은 학교, 정부, 나아가 세계적 모순에까지 확장되기도 합니다. 이런 불완전한 권위와 규칙에 따르길 거부하고 모순들을 지적하기 시작하는데, 그런 모습을 어른들은 '반항'이라고 부릅니다. 그러나 이 과정은 소중한 의미가 있답니다. 세계의 불완전함에 부딪히면서 청소년은 '난 이렇게 살지 않을 거야.' '내가 좀 더 세상을 나은 곳으로 만들겠어.' 같은 생각을 하게 됩니다. 그러면서 자신만의 삶의 방향이 형성되기 시작하죠.

청소년기에 추상적 사고 발달과 함께 나타나는 또 다른 특징은 바로 '자기 중심성'이에요. 이기적이라는 말이 아니랍니다. 에너지와 사고가 나에게 집중됨을 말해요. 이런 과정을 거치는 이유도 고유한 '자기'를 확립하기 위해서입니다. 청소년기에는 늘 다른 사람에게 주목받고 있는 듯한 느낌이 들게 돼요. 마치 자신은 무대 위에 서 있고, 수많은 관객이 자신의 행동 하나하나를 보고 있는 듯하죠. 이 관객들은 내가 어딜 가든, 무엇을 하든 늘 따라다녀요. 마치 유명 연예인처럼 말이죠. 그래서 심리학자들은 이 관객을 '보이지 않는 청중'이라고 부른답니다. 내가 입은 옷이나 말과 행동 하나하나를 보이지 않는 관객에게 평가받고, 그 평가가 곧 '나'인 듯합니다. 그러니 멋지고 예뻐 보이는 일은 무척 중요하죠. 아침마다 머리 모양이 신경 쓰이고, 옷 사는 일 때문에 부모님과 싸우고, 기를 쓰고 화장하거나, '중2병'이라 부르는 특유의 허세가 생기는 이유도 이 때문입니다. '중2병' 얘기가 나왔으니, 사춘기의 또 다른 특징 하나를 소개할게요. 바로 "이 세상의 중심은 나야"라는 주인공 의식이랍니다. 피아제는 이 믿음을 좀 어려운 말로 '개인적 우화 신념'이라고 불렀어요. 자신이 신화의 주인공이 된 듯한 믿음을 말하죠. 지금 자신이 겪는 사건과 감정은 특별하고, 다른 누구도 해 보지 못한 경험이라는 믿음이죠. 삶은 내가 주인공인 한 편의 드라마로 느껴집니다. 좋아하는 사람과 사귀다 이별을 경험하면, 이런 아픔과 슬픔은 역사상 나만이 경험하는 듯하죠.

이런 조금은 황당하고 불편한 심리적 변화가 모두 청소년기에 일어납니다. 그러나 이 변화는 필요하답니다. 이 과정을 통해 청소년기에 건강한 발달을 경험하는 사람은 '자신이 이 세상을 더 나은 곳으로 만들고 세상에 영향을 미치는 중요한 인물이 될 수 있다'는 믿음을 갖게 됩니다. 이 믿음이 바로 여러분의 비전을 만들고, 정말 세상에 영향력을 미칠 만한 추진력을 줍니다. 평화학의 권위자이자, 오늘날 세계적인 평화 운동으로 큰 영향을 끼치는 쉴라 엘워디라는 분이 있어요. 수많은 내전 지역과 분쟁이 있는 곳을 다니며 중재와 비폭력 저항 운동을 하죠. 그런데 이분도 처음 시작은 10대 소녀의 비현실적인 열정이었답니다. 한창 보스니아 내전이 일어날 때 10대였던 쉴라는 TV로 자기 또래의 아이들이 탱크 앞에 내던져지고 깔려 죽는 것을 보게 됩니다. 그녀는 즉시 자리를 박차고 일어나 자기 방으로 뛰어가서 짐을 싸기 시작했죠. 놀란 어머니가 따라 들어와 지금 뭐 하는 거냐고 물어봅니다. 그녀는 "지금 내 친구들이 저렇게 죽고 있는데 가만있을 수는 없어요. 저곳으로 가야겠어요!"라고 대답했죠. 현명한 분이셨던 그녀의 어머니는 곧 딸의 말을 이해하고는 "그래, 네가 뭘 하려는지 알겠어. 그런데 지금 그 방법으론 그 애들을 돕지 못한단다. 어떻게 하면 될지 엄마가 방법을 알려 줄게. 그러니 일단 가방을 다시 풀렴"이라고 말했습니다. 그리고 오늘날의 그녀가 되도록 도와주었죠. 많은 위인이 청소년기에 비현실적이지만 큰 포부를 품고, 마침내 큰 변화를 이뤘어요. 이 믿음이 있어야, 정말 세상을 바꾸는 일도 가능합니다.

청소년기는 많은 변화를 겪어 내야 하는 불안정하고 힘든 시기입니다. 아동기의 50배까지 쏟아져 나오는 성호르몬 때문에 2차 성징이 나타나고 몸과 마음이 계속 달라지죠. 호르몬 변화로 아침잠이 많아져 매일 일어날 때마다 고역이에요. 갑자기 키가 크고 몸이 변하느라 관절 여기저기가 아프고, 소녀들은 생리통과 가슴이 뭉치는 통증

을 겪어야 하죠. 내 몸이 나도 낯설고, 이성에 민감해져 불편합니다. 심지어 상대가 부모님일 때도 말이죠. 아빠가 포옹이나 뽀뽀를 하려 하면 어느 순간부터 징그럽게 느껴지고, 엄마가 안아 주려 해도 왠지 싫어 몸을 빼게 됩니다. 부모님이 서운해하지만 내 마음을 나도 어쩌지 못하죠. 나는 여성-또는 남성-이고, 상대는 '다른 성'임이 너무나 의식되니까요. 청소년기는 내 '성 정체감'을 확인하고, 상대 성과의 차이를 배워야 합니다. 어떻게 서로 다름을 존중하며 관계 맺을지를 고민하는 중요한 시기입니다.

이렇게 다양한 변화를 한꺼번에 감당해야 하기에 청소년기는 심리적으로 불안정을 많이 느낄 수밖에 없죠. 그러나 이런 불안정은 사실은 인생에 두 번 오지 않는 중요한 기회입니다. 청소년기는 뇌가 아기 때만큼이나 유연하고 민감해지기 때문이죠. 그래서 불안정하기도 하지만, 그만큼 경험과 배움에 따라 어떤 모습으로든 더 건강하고 창의적으로 발전할 수 있습니다. 아동기 때 상처가 많고 자존감이 낮았다 해도, 청소년기를 잘 보내면 새로운 자존감과 건강한 성품도 갖게 됩니다. 이 시기에 자발적으로 새로운 시도를 많이 해보고 긍정적인 경험을 많이 할수록 큰 도움이 되죠.

'관계'를 다시 만나다

청소년기가 되면 가족에게도 이제 나를 독립된 존재로 대우해 달라고 요구하게 되죠. 그런데 이 변화가 많은 부모에겐 섭섭하고 걱정스러운 일이 됩니다. "부모를 부정함으로써 아이는 자아를 찾는다"는 진리가 너무나 불편하죠. 지금까지 어떻게 키웠는데, 아이가 멀어지는 느낌을 받아들이기 쉬운 부모는 없습니다. 그렇지만 이 과정은 꼭 필요하답니다. 부모에게서 심리적으로 독립하는 과제를 잘 해내지 못하면 그 아이는 독립성과 주체성을 얻는 데 실패하게 됩니다. 결국 무기력하고 우울한 성인이 되거나, 의존 관계를 벗어나지 못한 사람이 되죠.

여러분이 청소년기에 들어서면서 '내 공간', '나만의 시간', '내 욕구'를 존중해 달라고 요구하고 싶어질 거예요. 이런 과정은 '나의 세계'를 만들기 위해 중요하답니다. 그러나 여러분에게 여전히 부모님은 무척 중요한 존재죠. 가장 사랑하는 대상일 뿐 아니라, 가장 인정받고 이해받고 싶은 사람이기도 합니다. 청소년기는 아직 완전한 독립이 이뤄지지 않았기 때문에, 정서적으로 여전히 부모와 연결되어 있어요. 그래서 비록 여러분이 이전보다 자기주장을 더 많이 하고 자주 갈등을 겪더라도, 여전히 가정의 행복을 책임지고 싶어 합니다. 이런 마음을 부모님이 잘 몰라 줄 뿐이죠. 자신의 꿈은 아직 막연하고 공부도 재미가 없지만, 부모님이 실망하는 모습을 보기 싫어서 억지로 공부하곤 합니다. 사실 청소년기는 학습 의욕이 가장 떨어지는 시기거든요. 그런데도 도리어 공부에 대한 강요를 가장 많이 받죠. 부모님이 자주 싸우거나 이혼이라도 하면 청소년은 내가 잘못해서, 내가 막지 못해서 그런 일이 벌어진 듯 느낍니다. 그래서 여러분의 독립은 많은 죄책감과 책임감에 가로막히곤 합니다.

연구 결과에 따르면 청소년기부터 이후 평생 인간의 행복에 가장 큰 영향을 미치는 요인은 바로 '관계'라고 해요. 청소년기의 친구는 내 마음을 누구보다 잘 이해해 주는 소중한 존재이자, 내 존재를 인정받아야 할 중요한 대상입니다. 청소년기에 가장 큰 힘을 가지는 집단은 바로 '또래'죠. 청소년기에 왕따나 학교 폭력 사건에 휘말리면 큰 상처로 남습니다. 그래서 청소년기에 관계의 기술과 의사소통 능력을 키우는 일은 무척 중요합니다.

청소년기는 감정 조절이 어렵습니다. 그 대신 감정 조절 능력을 연습하고 키우기엔 무척 좋은 시기죠. 감정 조절 능력은 좋은 관계를 위한 핵심 능력의 두 축 중 하나입니다. 단순히 화날 때 잘 참거나, 감정 표현을 잘 하지 않는 것이 감정 조절 능력이 좋다는 걸 뜻하진 않습니다. 도리어 감정 조절 능력은 자신의 감정을 온전히 느끼고, 다양한 방법으로 그 감정을 발산하거나 조절할 줄 아는 것입니다. 예를 들어, 악기를 다루는 일은 감정 조절에 큰 도움이 됩니다. 음악으로 자신의 감정을 표현하고, 해소할 능력을 기를 수 있으니까요. 이 밖에도 물감이나 다양한 미술 도구를 사용해서 감정을 표현해 보거나, 밀

가루 반죽이나 찰흙을 만지고 뭉치고 던지며 원하는 작품을 만드는 방식으로 감정을 표현할 수도 있습니다. 핵심은 자신의 감정을 잘 알아차리고, 오감으로 느끼는 방식으로 정서를 표현하고 조절해 보는 일입니다. 그래서 예술 활동 외에 요리하기나 운동하기도 감정 조절에 도움이 됩니다. 감정은 주체하지 못하고 상대에게 쏟아 놓아도, 너무 억누르고 표현하지 않아도 다 해로워요. 감정 조절에 능숙해지면 자신의 감정을 무시하지 않으면서 상대가 받아들일 만한 방식으로 표현하게 됩니다. 그리고 상황에 따라 자신을 조절할 힘이 생기죠. 관계를 망치는 충동적인 충돌에서 벗어나, 깊은 신뢰를 쌓을 수 있습니다. 결국 자신의 감정에 진실하면서도 안정된 관계를 맺는 성숙한 사람이 되죠.

또 하나의 핵심 능력은 의사소통 기술입니다. 여기엔 자신의 마음과 생각을 정확하게 전달하는 언어 표현 능력과 상대와 교감하며 소통하는 공감 능력이 포함됩니다. 공감 능력은 앞에서 충분히 다루었죠? 청소년기에는 추상적인 사고가 발달해서 무척 복잡한 생각과 감정 구조를 갖게 됩니다. 그런데 이런 복잡한 마음을 제대로 전달할 어휘력과 문장력이 부족하면 소통에 어려움을 느끼죠. 결국, 감정적으로 폭발하게 되는 경우가 많습니다. 그래서 이 시기에 다양한 감정 단어('벅찬', '행복한', '뭉클한', '먹먹한'처럼 감정을 표현하는 단어)를 찾아보고, 책을 읽거나 일기를 쓰는 습관은 언어 표현 능력을 높이는 데 무척 도움이 됩니다. 청소년기는 다양한 감정이 발달하지만, 아직 감정 구분은 미숙해서 느끼는 감정들이 뭉뚱그려져 표현돼요. 그래서 슬퍼도, 화가 나도, 외로워도 주로 "짜증난다"고만 말하게 되죠. 이 시기에 다양한 감정 단어를 써보고, 자신의 감정을 구체적으로 구분하는 연습은 큰 도움이 됩니다.

02

심리학,
우리 삶에 가까워요

심리학은 인간관계와 연애뿐 아니라 진로와 학습, 나아가 정신 질환과 심리적 고통에 대한 지식 등 많은 것을 알려 줍니다. 지금 내가 경험하는 일들에 심리학은 무척 가까이 있어요. 원한다면 심리학은 여러분이 건강하고 행복한 삶을 살도록 기꺼이 길 안내를 해 준답니다. 그동안 쌓아 온 연구와 노력의 결실은 바로 우리를 위한 것이니까요.

진로와 학습, 심리학에게 물어봐!

여러분이 가깝게 만나는 심리학 영역 중 하나는 바로 진로 탐색 분야입니다. 대학에 가야 할지, 어떤 일을 해야 할지, 어떤 삶을 살고 싶은지 최초로 진지하게 고민하는 시기가 바로 청소년기이기 때문이죠. 사실 이 고민은 청소년기 한 번으로 끝나지 않는답니다. 인간의 일생에는 끊임없이 변화가 찾아오니까요. 또 성숙해질수록 자신과 세상을 바라보는 관점이 달라지죠. 그래서 '난 어떤 삶을 살고 싶은가'는 끊임없이 고민해야 할 주제입니다.

진로 선택에서 가장 중요한 일은 '나를 이해하는 일'이에요. 그 이유는 '내가 즐겁게, 잘할 수 있는 일'이 아니고선 오래 하기도 어렵고, 행복감을 느끼긴 더욱 어렵기 때문이죠. 물론, 내가 정말 즐겁게 할 일은 직접 경험해 보아야만 알게 되는 때도 있어요. 요즘 청소년의 관심 대상은 가수나 연예인이 대표적이죠. 너무나 하고 싶어 하는 청소년이 많아요. 하지만 막상 고된 훈련과 불투명한 미래, 불안정한 수입, 끊임없는 경쟁과 평가에 시달리는 상황을 접하면 내 적성이 아님을 깨닫기도 합니다. 정말 즐겁게 할 수 있는 일이기보단 동경하는 일이었던 거죠. 일의 환경과 안정성, 지속 가능성 등을 객관적으로 놓고 본다면 연예인은 상당히 위험 부담이 크고 고된 직업이니까요.

정말 자신에게 잘 맞는 진로를 찾은 사람은 일을 할 때 보람을 느끼고 행복하기에 그 일을 하지 않는 자신은 상상을 못 하죠. 이런 사람을 볼 때 우린 '천직'이라는 표현을 씁니다. 일을 즐겁게 하는 사람은 자연히 그 영역에 뛰어난 능력을 보이게 돼요. '애쓰지' 않고 '즐기기' 때문이죠. 처음엔 수준이 비슷해도 시간이 갈수록 애쓰는 사람과 즐기는 사람 사이에는 점점 격차가 벌어져요. 그 일을 하는데 들어가는 에너지와 얻는 즐거움의 양에 차이가 나거든요. 그래서 대부분 어떤 분야에 뛰어난 능력을 보이는 사람은 '천직'을 만난 사람이에요. 아인슈타인, 퀴리 부인 등 '천직'을 찾지 않았다면 그저 잊혔을 위인이 많죠. 아인슈타인은 10대 때 역사, 지리 , 어학에서 낙제점을 받았어요. 퀴리 부인도 연구에만 몰두해 늘 초췌한 모습으로 방에만 박혀 있는 괴짜로 보였죠. 당시 여성이 설 곳 없던 과학계에서 그녀는 그렇게 홀로 살아남았어요.

모든 일을 잘하도록 태어난 사람은 아무도 없어요. 그렇기에 자신을 아는 일이 진로 탐색에는 무엇보다 중요하답니다. 나는 어떤 성격의 사람인지, 어떤 일을 할 때 즐거운지, 내가 쉽게 익히고 잘 해내는 일은 어떤 것들인지, 내 강점과 약점은 무엇인지, 그리고 어떤 환경에서 난 더 힘이 나고 의욕이 넘치는지 등 자신을 세밀하게 이해할수록 즐겁게 해낼 일을 잘 찾을 수 있답니다. 남들이 모두 부러워하는 직업을 갖게 돼도 정작 본인은 불행할 수 있어요. 화려하고 예쁜 옷과 나에게 잘 어울리는 옷이 다를 수 있듯이, 그 일이 나에게 맞지 않으면 계속 어색하고 불편하니까요. 인정과 부러움을 받아도 일하는 시간 동안 빨리 벗어나고 싶은 마음만 든다면 즐거움은커녕 갈수록 지치게 되죠. 자칫하면 몸과 마음의 건강만 해칠 수도 있어요.

자신을 잘 아는 일은 이렇게 중요해요. 그래서 심리학자들은 이런 부분을 도우려고 오래전부터 진로 적성 검사를 개발해 왔어요. 나의 특징과 강점을 찾아 주고 그런 소질을 가진 사람에게 잘 어울리는 분야가 어떤 것인지 안내해 주는 검사지요. 종류가 많아 다 검사해 보려면 비용도 많이 든답니다. 하지만 이제 청소년은 주요 검사를 무료로 받도록 나라에서 지원하고 있어요. 워크넷http://www.work.go.kr에 들어가 메인 화면에 안내된 청소년을 위한 심리 검사 코너를 이용하면 돼요. 여러분이 누릴 수 있는 특권이니 꼭 한번 해 보아요. 단, 기억했으면 해요. 이 검사들은 어디까지나 일반적인 특성을 분류한 것이에요. 개개인의 섬세한 특징과 상황을 다 반영하진 못한답니다. 그러니까 검사 결과를 무조건 신뢰하기보단 참고 자료로만 활용하는 것이 좋아요. 정말 검사 결과가 자신에게 잘 맞는지 체험으로 확인해 보는 것도 좋은 방법이에요.

자신을 잘 아는 일만큼이나 '행복한 진로'에 결정적 영향을 미치는 것이 있어요. 자신을 사랑하고 존중하는 마음, 바로 자존감입니다. 자신을 잘 알고 있다고 해도, "이런 나는 정말 못난 존재야. 아무것도 하지 못해"라고 생각한다면 그 사람은 행복한 진로를 찾기 어렵겠죠. 잘하는 일을 찾아보려는 노력조차 하지 않게 될 거예요.

사람은 자신만의 존재 가치를 발견할 때 비로소 마음이 풍요로워지고 안정감을 누리게 돼요. 이때 우린 '행복하다'고 느낍니다. 이 세상에서 유일하고 의미 있는 존재인 '나'를 확인하기 원하는 마음, '주인공 의식'이 모든 사람에겐 있기 때문이죠. 날 때부터 타고나는 이 마음은 자연스럽습니다. 어릴 때는 "아빠, 달이 나를 따라와." "엄마,

동생 말고 나만 예뻐해 줘." 같은 말들로 표현되죠. 자라면서 이 마음은 '내가 이 세상에 태어난 이유와 목적이 무엇일까?'라는 질문으로 바뀌어 갑니다. '어떤 삶을 살아야 할까' 고민하는 일은 이 질문에 답을 찾는 과정이기도 해요.

건강한 진로를 찾는 일은, '내가 이 세상에 태어난 의미를 발견했어! 난 있어야 할 곳에 있고 그래서 행복해'라고 느끼는 삶을 선택한다는 의미이지요. 이런 사람을 '소명 의식'을 가진 사람이라고 해요. 누군가의 평가 때문이 아니라, 일하는 일상 그 자체가 행복이고 목적을 실현해가는 삶인 사람이죠.

오늘날 한국 사회에서 자라면서 배우기 쉽지 않은 진실이 하나 있어요. 남들과 비교하는 일로 참된 만족을 느끼기가 불가능하다는 진실이죠. 왜냐하면 월급이나 사회적 인정의 차이로 얻는 상대적 만족감은 오래가지도 못하고, 우리 삶에 많은 부분을 차지하지도 못하니까요. 인간은 어떤 행복한 경험이나 만족감도 만 2개월이 지나면 더는 느끼지 못하는 '쾌락 적응'이라는 특징을 가지고 있거든요. 게다가 날 인정하는 사람들이 늘 나를 따라다니지도 않을뿐더러, 더 좋은 평가를 받으려고 애써 들어간 그 직장에는 비슷한 수준의 사람들이 모여 있잖아요. 그 속에서 인정받으려면 다시 경쟁해야 하는 날들이 끝없이 이어질 뿐이에요. 그렇기에 정말 행복하려면, 우리가 마주하는 일상 속에서 답을 찾아야 해요. 사실 우리 생활의 90퍼센트 이상은 남과 비교하지 못하는 일들입니다. 매일 잠자고 밥 먹고 버스를 타고 어딘가로 가는 일을 누군가와 비교하지 않듯이 말이죠. '내가 어떻게 느끼고, 경험하는가'가 훨씬 중요하죠. 내가 하는 일과 삶의 방향이 스스로 즐겁고 만족스럽다면, 그 길은 그 사람에게 최고의 진로입니다. 누군가와 비교하지 않아도 그 사람은 점점 그 분야에 탁월한 사람 중 하나가 되어 가죠.

사실 이 세상에 장점만 가진 사람은 아무도 없습니다. 모든 사람이 약점을 갖고 있어요. 하지만 사람은 모두 약점이 아닌 강점으로 살아갑니다. 자신이 잘하는 일을 하고 그러면서 자신감도 더 얻게 되죠. 자신이 잘하는 일을 좀 더 잘하도록 노력하는 일은 부족한 부분을 잘하려고 애쓸 때보다 훨씬 쉬워요. 많은 사람이 '한계를 극복한다'는 미명하에 자신의 단점을 극복하려고 많은 시간과 에너지를 낭비합니다. 물론 자신의 단점을 극복하고 발전하려는 노력은 고귀한 일이죠. 하지만 단점이 없는 사람은 아무도 없고, 모든 단점이 없어지는 일도 평생 일어나지 않아요. 자신의 약점을 있는 그대로 인정하고, 도리어 이것이 결정적인 문제가 되지 않도록 잘 관리하며 살아감이 훨씬 지혜로운 선택이지 않을까요? 많은 심리학자도 이제 자신의 강점을 구체적으로 발견하고 최대한 활용하는 일, 자신의 한계를 알고 그 함정을 잘 피해 가는 일이 바로 성공의 비결이라고 말해요. 여러분은 자신이 가진 것으로 앞으로의 세상을 살아가게 됩니다. 호기심이 부족한 사람이 호기심을 가지려 하고, 끈기가 부족한 사람이 끈기를 가지려하는 것 자체는 나쁜 일이 아니에요. 하지만 '그 능력이 없는 것은 문제야'라는 자책이나, 원래 갖고 있지 않은 능력을 무리하게 만들어 내려는 일은 큰 도움이 안 돼요. 자신의 장점을 깊이 헤아리면서, 약점을 책망하지 않고 보완해 주는 일이 중요합니다.

자신이 있어야 할 곳, 자신이 기꺼이 걸어갈 길을 찾고 그 일을 통해서 세상에 영향을 미치는 삶은 아름다워요. 나의 몸과 마음, 영혼이 만족하는 소명을 따라, 나의 연약함과 부족함을 자책하지 않고 걸어가는 삶은 건강한 삶이지요. 지금 가는 길에 찬란한 전망이 보이지 않는다고 도중에 낙담하지 않고, 천천히 그러나 멈추지 않고 나아가는 삶은 결국 세상에 감동을 주는 열매를 맺어요. 이런 삶을 사는 사람은 이미 남들의 인정이나 많은 돈을 넘어선 '행복'을 가진 사람입니다.

내가 살아갈 세상 알기

여러분이 살아갈 세상은 부모님이 살던 시대와 많이 달라요. 부모님이 살던 시대는 분야별로 영역이 비교적 안정되어 있었어요. 한 분야에 들어가면 그곳의 지식을 습득하고 전문가로서 그 분야에서 지속적인 생산성을 발휘했지요. 하지만 지금은 점차 분야별 경계 자체가 허물어지고 있습니다. 점점 다양한 영역의 지식을 폭넓게 익혀야 일을 해내죠. 새롭게 익힌 기술도 몇 년이 못 되어 가치를 잃기도 해요. 이런 획기적인 변화를 일으킨 핵심 요인은 정보화에 있습니다. 지금은 각종 스마트 기기를 통해서 다양한 정보에 쉽게 접근하고, 한 사람이 접하는 정보의 양도 방대해졌어요. 원래 그 분야의 전문가들만 가지고 있던 지식을 이젠 누구나 원하면 접할 수 있죠. 지리적, 시간적 제한도 무력해졌습니다. 기술과 정보가 엄청난 개방적 환경을 만난 거예요. 그래서 사람들은 점점 다양하고 복잡한 기호를 갖게 되고, 흥미가 옮겨 가는 속도도 빨라졌어요. 많은 콘텐츠를 접하면서 추구하는 자극 수위도 점점 높아지죠.

동시에 의미 있는 큰 변화는 정보 자체보다 거기에 부여된 '가치'를 찾게 된 거예요. 정보를 쉽게 얻게 되면서 콘텐츠 그 자체보다 거기에 부여된 의미가 더 중요해졌죠. 일례로 사회적 기업, 협동조합, 공정 무역 등은 윤리적 가치가 힘이 됨을 여실히 보여 주고 있습니다. 그리고 이런 흐름은 앞으로 더욱 뚜렷해질 거예요. 국제 표준 기구가 사회적 책임 인증을 위해 정한 국제표준인 ISO 26000은 앞으로 윤리적이지 않은 기업은 무역을 할 수 없다는 사실을 보여 주고 있죠.

이제 예전처럼 한 가지 기술을 잘 개발해서 제품을 대량 생산하며 장기적인 이윤을 추구하기는 어려워요. 다양해진 기호에 맞춰 다양한 품종을 소량으로 생산하는 형태가 되고 있죠. 전문 지식 역시 마찬가지예요. 사람들의 관심 분야가 다양해지고 '전문성' 자체의 힘이 약해지기 때문에 이젠 개인의 경험, 시간, 감성이 다 상품이 됩니다. 사람들이 공감하는 '가치'를 찾는다면 짧은 시간에 엄청난 영향력을 갖게 되기도 해요.

여러분이 앞으로 살아가게 될 사회는 '유동적 사회'예요. 절대적인

가치를 지닌 안정된 직업은 사라졌어요. 직업의 수명이 짧아지고, 기술과 정보의 가치가 자주 변하죠. 그렇기에 끊임없이 새로운 것을 학습하고 적용하는 능력이 이제 필요해요. 단순히 공부를 잘해야 한다는 말이 아니에요. 열심히 공부해서 좋은 대학을 갔다고 해도 그 자체로 안정된 미래를 보장받진 못합니다. 정보는 다른 사람도 쉽게 접할 수 있게 되었기 때문이죠. 그래서 여러 정보를 활용해 새로운 가치를 만들어 내는 창의력, 검색으로 얻지 못하는 독특한 개성이 중요해지고 있어요. 그리고 점점 다양한 영역을 연결하고 통합하는 능력, 다양한 분야 사람과 함께 일할 수 있는 소통 능력이 강력한 무기가 되는 사회가 되고 있죠. 즉, 이젠 단순 학습과 훈련을 통해선 얻지 못하는 '인간의 고유한 자질들'이 중요해요. 창의적인 관점과 사고, 갈등 중재와 소통을 잘하는 균형 감각과 사회성, 시대적 필요와 사람들이 목말라하는 가치를 읽어 내는 통찰력 등이 중요하죠. 그러니 자신이 가진 이런 무형의 강점이 무엇인지 더욱 깊이 고민하고 발견해야 해요. '스팩'을 쌓는 일만큼이나, 자신의 타고난 자질과 강점에 대해 아는 일이 중요합니다.

이젠 '고유함'이 가치가 되는 시대예요. 사실 고유성은 어느 시대든 놀라운 가치가 되어 왔죠. 이제 남들이 좋다고 말하는 것, 언론과 사교육계가 주는 여러 정보에 기대지 말기로 해요. 언론에서 어떤 분야가 유망하다고 보도하면, 그 분야는 이제 곧 포화 상태가 될 운명에 처합니다. 부모님께서 그토록 원하시는 법조계, 의료계가 이제 취업

난과 과도한 경쟁에 시달리고 있다는 사실을 알고 있나요? 이제 남들이 좋다고 하는 안정적인 직장을 얻어서 '평균적'인 삶을 살아가려는 계획은 고이 접기로 해요. 운 좋게 그 영역 안에 들어갔다 해도, 그 안에는 살아남기 위한 더 치열한 경쟁이 있고 그 분야가 정말 '소명'인 사람들이 있어요. 그들과 경쟁한다면 평균 이상이 되기는 어렵겠죠. 내가 정말 좋아하고 잘하는 일을 찾아 거기에 투자하는 것이 훨씬 효과적인 선택이랍니다.

여러분 시기의 최고 특권은 시행착오를 해 볼 자유예요. 청소년기인 지금은 무엇이든 배워 보고 시도해 볼 수 있어요. 실패를 경험하기도 하고, 좋아하는 것들을 파고들어 해 볼 만한 시기입니다. 지금 어떤 분야를 공부하고 도전했다가 실패한다 해도, 아직은 위험 부담이 크지 않기 때문이에요. 나중에 여러분이 스스로 생계를 책임지고, 가정을 꾸려야 하는 상황에 이런 경험을 쌓아야 한다면 훨씬 큰 모험을 해야만 하니까요. 먼저 자신을 잘 아는 일이 중요해요. 깊이 자신을 들여다보고, 난 어떤 영역이 강하고 무엇에 약한지 깊이 생각해 보세요. 하고 싶은 분야들을 찾아내서 정보도 모아 보고, 직업 체험 프로그램에 참여도 해 보아요. 여러 아이디어를 짜서 한번 실천도 해 보고 연구소나 그 분야 전문가에게 제안서를 보내 보아도 좋습니다. 친구들과 그룹을 만들어 함께 프로젝트를 진행해 보기도 하고, 소통 능력과 책임감, 끈기를 시험해 보기도 하세요. 그러면서 자신이 정말 잘하는 일은 무엇인지, 무엇을 할 때 정말 행복한지 찾아가면 돼요.

심리학이 말하는 효과적인 학습법

자신이 원하는 진로를 발견했더라도 바로 그 일을 하진 못하죠. 필요한 자격과 능력을 갖추는 과정, 즉 공부가 필요합니다. 그런데 '공부'는 정말이지 지루하고 어려운 일로 느껴지니 문제예요. 정녕 학습과 즐거움을 연결하는 일은 불가능할까요? 이 질문은 사실 무척 중요합니다. 왜냐하면 공부를 잘하려면 '즐거움', '만족감' 같은 감정과 공부를 연결 짓는 일이 필수이거든요. 피아제, 손다이크, 알피 콘 같은 유명한 학습 심리학자들의 이야기랍니다. 게다가 현대 뇌 과학은 아주 과학적인 방법으로 증명해 주었어요. "뇌는 긍정적인 감정을 좋아한다"는 사실을 말이죠. 그러면 공부를 정말 좋아하게 해 줄지도 모를, 심리학이 알려 주는 공부법 한번 살펴볼까요?

원하는 삶을 살고자 공부에 한번 도전해 보고 싶다면, 먼저 '왜 공부해야 할까?'란 질문에 답을 찾는 과정을 충분히 가져 보길 추천해요. 앞서 나온 진로 탐색의 과정을 거쳐 자신을 잘 알고 목표를 세우는 일은 학습에 가장 큰 동기가 됩니다. '내가 원해서 하는 공부'라 인식하면, 나는 '주체'로 행동하고 선택하고 배우기 시작합니다. 학습 내용 자체가 내 관심 분야와 연결되어 있다면 더없이 좋죠. 주변에 학교 성적은 별로인데 자기가 좋아하는 스포츠에 관해서는 선수 경력부터 각 팀의 역사와 전략에 이르기까지 전문가 수준으로 꿰뚫고 있는 친구가 있지 않나요? 혹은 애니메이션을 좋아해서 어느새 자막

없이 볼 만큼 외국어에 능숙해진 친구 말이죠. 이 친구들은 누가 시키지 않아도 자신이 좋아하는 분야를 열정적으로 '학습'합니다. 그리고 그 과정 자체에 '즐거움'을 느끼죠. 이것이 내적 동기의 힘입니다.

이와 반대인 동기가 '외적 동기'입니다. 엄마가 공부하라고 시켜서, 좋은 대학에 가기 위해서, 성적이 떨어져 혼나기 싫어서 등이 외적 동기입니다. 외적 동기는 과정보다 결과에 집중하게 하고, 원하는 목표를 성취해도 내적 동기보다 훨씬 만족감이 적습니다. 실패나 좌절을 겪으면 다시 시도할 가능성도 더 낮죠. 피아제는 인간의 '지적 능력'은 타고난 요인이나 후천적으로 학습된 정보로 결정되지 않고, 그 사람이 외부 환경과 상호작용하는 일을 통해 결정된다고 했습니다. 쉽게 말하자면 사람의 지적 능력은 유전적으로 똑똑하거나 주입식 교육을 받는다고 높아지는 게 아니라는 말이죠. 그래서 피아제는 적극적으로 '자신이 원하는 걸 탐구하고, 생각하고, 스스로 정리하고, 소통해 보면서 아이의 지적 능력이 성장한다'고 말합니다. 결국, 내가 '주인'이 된 자발적 학습만이 진정한 효과를 발휘한다고 강조합니다. 억지로 하는 목적 없는 공부만큼 효과가 나쁜 일도 없다는 말이죠.

우리나라에서 좋은 성적을 받으려면 특히 '암기'를 잘해야 하죠. 성적을 잘 받기 위함이 아니더라도, 정보를 기억하는 일은 더 넓고 깊은 학문의 세계에 발을 딛는 중요한 디딤돌 역할을 합니다. 기억된 정보를 재료로 우리는 비판도, 토론도, 창의적 발견도 하게 되니까요. 그러니 우리 뇌의 기억 체계를 한번 살펴보도록 해요.

우리 뇌는 하루에도 엄청난 양의 정보를 습득합니다. 그리고 그중에 중요한 것만 골라 저장하고 나머지는 24시간 안에 삭제해 버리죠. 이런 선별 작업은 일단 살아남은 기억에도 계속됩니다. 그래서 우리가 1년 후에도 기억하는 정보는 고르고 골라진 것만 살아남죠. 뇌에는 기억을 저장하는 공간이 두 군데라고 생각해 보면 이해하기 쉬워요. 한쪽은 일단 들어온 정보를 잠시 보관하는 단기 기억 공간, 그리고 다른 한쪽은 정말 중요한 기억을 오래 보관하는 장기 기억 공간이죠. 문제는 우리가 공부한 내용을 하루 만에 잊어버리면 곤란하다는 데 있죠. 그렇다면 어떻게 학습 내용을 단기 기억에서 장기 기억으로 옮길까요? 이런 고민을 우리보다 먼저 한 사람이 있습니다. 바로 에빙하우스Hermann Ebbinghaus라는 심리학자입니다. 그는 인간이 암기한 기억이 얼마 만에 잊히고, 이것을 오래 기억하려면 어떻게 해야 할지를 실험했어요. 5년간 바로 자신이 실험 대상이 되었죠. 그 결과 그는 일단 기억한 정보는 학습을 끝낸 지 10분 뒤부터 잊히기 시작해서, 하루가 지나면 25퍼센트 정도밖에 남지 않음을 발견했어요. 한 달 뒤엔 공부한 내용의 5퍼센트 정도만 기억에 남게 되죠. 그럼 어떻게 하면 '망각'을 막을까요? 그 해답은 바로 다시 보기, 즉 복습입니다.

수업 내용을 좀 더 오래 기억하려면 수업이 끝난 후 책을 덮기 전에 오늘 배운 내용을 재빨리 다시 보세요. 그러면 좀 더 오래 기억하게 됩니다. 망각 속도는 학습 후 8~9시간일 때 가장 빠르다고 해요. 그러니 그날 배운 내용을 저녁에 집에 와서 한 번 다시 봐두면 잊

는 속도를 많이 늦추게 됩니다. 기억의 특성상 첫날 저녁 복습 때 다시 기억해야 할 내용이 가장 많죠. 그러나 망각 속도는 시간이 갈수록 늦어집니다. 하루 사이 복습한 내용은 이틀째 다시 볼 땐 훨씬 많이 남아 있어요. 즉, 복습 시간이 짧아지죠. 이렇게 3일 정도 한 번씩 본 후에는 일주일 뒤에 한 번, 보름 뒤에 한 번, 한 달 뒤에 한번 식으로 복습 주기를 늘려가도 됩니다. 이렇게 복습한 내용은 장기 기억으로 넘어가 6개월이 지나도 잊히지 않아요. 그럼 시험 기간에 다시 처음부터 외우는 '벼락치기'를 할 필요가 없죠. 즉, 학습은 한 번에 많은 양을 억지로 외울 때보다 매일 조금씩 꾸준히 다시 볼 때 더 효과적입니다.

인간의 뇌는 긍정적인 감정을 좋아한다고 말씀드렸죠. 더 구체적으로 말하면, 우리가 어떤 선택을 할 때 뇌의 최종 결정 기관은 이성적, 논리적 사고를 담당하는 전두엽이 아니라 정서적 반응을 담당하는 변연계입니다. 전두엽은 변연계의 결정을 보조하는 역할을 하죠. 그리고 변연계는 해마라는 곳에 우리가 학습이나 경험을 할 때 느낀 감정과 함께 그 일을 저장합니다. 만일 그 학습이나 경험이 불쾌한 감정과 연결된 기억이라면, 우리의 뇌는 가능한 한 빨리 그 정보를 잊어버리려 합니다. 반대로 긍정적인 감정과 연결된 기억이라면 잘 보관해 둘 뿐 아니라, 비슷한 상황에서 다시 그 경험을 하도록 그 정보를 빨리 꺼낼 수 있는 곳에 두죠. 이제 왜 영 단어나 수학 공식은 그렇게 안 외워지는데, 내가 좋아하는 게임의 수많은 아이템 종류와 복잡한 무기 업그레이드 방법은 순식간에 외워지는지 이해가 가나요? 즉, 우리가 정말 공부를 잘하고 싶다면 불안, 거북함, 답답함 등의 감정을 느끼며 억지로 하는 공부 방식에서 빨리 벗어나야 합니다.

놀랍게도 한참 전에 이미 이런 학습의 규칙을 발견한 사람이 있어요. 바로 손다이크Edward Lee Thorndike라는 학습 심리학자입니다. 그는 반복해서 연습하면 더 잘하게 된다는 일반적인 믿음이 꼭 옳지는 않다는 사실을 발견했습니다. 그의 실험에 따르면, 도리어 억지로 싫은 감정을 느끼며 할 때는 반복 학습이 효과가 별로 없었죠. 반대로 사람이 '만족감' 같은 기분 좋은 감정을 느낄 때 훨씬 빨리 학습한다는 사실을 발견했습니다. 그 발견을 '효과의 법칙'이라고 이름 붙였죠. 손다이크는 그래서 학습에 만족감, 보람 등을 경험하도록 칭찬, 격려를 자주 해 주길 권합니다. 그의 실험 결과 처벌보다 칭찬과 격려가 훨씬 학습 효과가 컸기 때문이에요. 그는 이런 현상을 '효과의 확산 현상'이라고 불렀습니다.

앞선 내용을 종합해 볼 때, 우린 효과적인 공부 전략을 세워 볼 수 있죠. 먼저, 공부할 이유를 뚜렷이 찾는 일이 가장 중요합니다. 그리고 매일 조금씩 꾸준히 복습 위주로 공부하는 일이 한 번에 몰아서 할 때보다 더 효과적이고 오래 기억됩니다. 그리고 내가 애써 공부한 내용을 뇌가 지워 버리지 않도록 해야겠죠. 그러기 위해서는 공부가 너무 힘들게 느껴지지 않도록 '쉬운' 내용부터 시작해야 합니다. 너무 어렵거나 하기 싫은 내용은 부정적인 감정을 일으켜 공부할 때도 힘들지만, 효과도 없으니까요. 그래서 저는 현재 수준에서 '80퍼센트 정도는 알겠다' 싶은 교재를 선택하길 권합니다. 그리고 3~5번 정도는 반복해서 보길 권하죠. 너무 어려운 내용을 빨리 이해하려 조바심 내지 않아도 괜찮습니다. 쉬운 교재를 충분히 습득하고 나면, 좀 더 어려운 내용도 그리 힘들지 않게 이해할 실력이 쌓여 있을 테니까요. 이렇게 한 계단씩 올라가는 것이 한 번에 두세 단계를 이해하려는 시도보다 결과적으로 훨씬 빠릅니다.

공부량과 시간도 처음부터 욕심내지 말고, 자신이 힘들지 않게 해낼 수준부터 조금씩 늘려가야 합니다. 처음엔 30분씩이라도 좋습니다. 공부는 '얼마나 많이 하는가'보다 '얼마나 꾸준히 지속하는가'가 훨씬 중요하니까요. 그리고 매일 공부하면서 작은 성취감을 계속 느끼는 일이 중요합니다. 작은 만족감을 자주 느끼도록 매일 달성한 그날의 목표에 체크를 하거나, 자신이 해낸 부분을 자주 확인하고 스스로를 칭찬해 주세요. 아직 이루지 못한 것을 보며 불안을 느끼기보다, 지금 이룬 것에 집중하고 스스로 격려하는 게 훨씬 학습에 도움이 됩니다. 그리고 좋아하는 과목이 있다면 그 과목부터 먼저 시작하세요. 한 과목을 잘 소화하고 나면, 싫어하는 과목도 어느 정도 해낼 공부의 요령이 생기기 시작하니까요. 꼭 모든 과목을 완벽히 잘할 필요는 없습니다. 여러분의 공부 목적은 1등이 아닌, 꿈을 이루는 일이니까요.

03

심리학의 미래는 밝다

부모님들이 많이 원하는 의사, 한의사, 변호사 등의 직업은 이미 포화 상태에 이르렀습니다. 치열한 경쟁을 뚫고 이 직업을 가지게 되었다 해도, 같은 직종의 사람들이 너무 많아 다시 경쟁 속에서 살아남아야만 하는 척박한 상황이 되었죠. 그런데도 부모님은 왜 그렇게 이 직업들을 추천하실까요? 바로 부모님이 성장기일 때 유망했던 직종들이기 때문이에요.

지금 해외에선 심리학이 가장 인기 있는 전공 중 하나가 되었습니다. 2000년대에 이미 미국과 영국에선 학생들이 가장 많이 선택하는 전공이 경영학에서 심리학으로 바뀌었다고 해요.

심리학의 길

우리나라에서도 심리학에 관한 관심이 계속 높아지고 있어요. 대학에선 점점 다양한 분야의 심리학 전공도 개설되고 있죠. 심리학이 이렇게 주목받는 이유는 인간을 알 수 있다는 흥미를 주기 때문이고, 또 계속 발전하며 끊임없이 새로운 직종이 나타나고 있기 때문입니다. 심리학의 역사는 다른 학문에 비하면 아직 짧아요. 젊은 학문인 거죠. 그리고 현재 심리학은 기술 발달과 뇌 과학과의 만남으로 비약적 성장기를 맞고 있어요. 그렇기에 앞으로 약 반세기 동안 심리학계에는 새로운 큰 발견과 다양한 연구 주제들이 쏟아질 겁니다. 해야 할 일들이 아직 무궁무진한 분야죠.

그렇기에 심리학의 미래는 밝아요. 인간의 행동, 정서와 인지, 성격과 지능의 비밀이 점점 더 밝혀지면서 이젠 '인간의 마음을 객관적으로 측정하고 표현할 수 있지 않을까?'에 도전하는 시대에 우린 살고 있습니다. 마치 지능을 객관적 점수로 표현하듯 말이죠. '미세 표정'을 분석하고 측정해서 상대가 말하지 않아도 감정을 알아내게 되었고, 우울증 등 정신 질환 증상이 생길 때 뇌에서 어떤 호르몬이 부족해지거나 많아지는지, 어떤 물질을 보충하면 증상이 사라지는지 알게 되었습니다. 우리가 공감할 때, 공부할 때, 스트레스를 받을 때, 사랑할 때, 흥분을 느낄 때, 불안이나 분노를 느낄 때 각각 뇌의 어느 부분이 어떻게 활동하는지도 알게 되었죠.

'포옹 호르몬'이라 불리는 옥시토신이 상대를 포용하려는 마음과 관계 안정성을 높여준다는 점에 착안해서 옥시토신 제제를 '부부 싸움 치료제'로 개발했다가 부작용이 발견되어 폐기된 사례도 있죠. 부부 싸움을 약으로 치료한다니, 놀랍지 않나요? 이런 시도들에 대해 윤리적인 고민이 필요하다고 생각하지만, 우리는 이미 여기까지 와 있어요. 실연의 아픔을 극복하려면 알약 하나만 먹으면 되고, 가족을 잃어 고통스러울 때도 뇌를 전극으로 자극하거나, 호르몬이 혼합된 약물을 마셔서 행복한 기분을 느끼며, 고통을 극복하게 될지도 몰라요. 이젠 인간이 살면서 경험하게 되는 다양한 갈등, 고통스러운 사건들도 개인의 성숙이나 관계 회복을 위한 노력이 아닌 약이나 기술로 해결할 수 있고, 그것이 더 진보된 사회라는 주장이 등장하고 있습니다. 이에 대한 다양하고 치열한 윤리적 논쟁에 끊임없이 맞닥뜨릴 만큼, 심리학은 눈부신 속도로 발전하고 있습니다.

심지어 진화 심리학자 중에는 우리의 DNA 정보만으로도 그 사람의 성품과 기질, 사회적 성공 가능성과 정신 질환 발병 확률까지 예측할 수 있게 된다고 주장하는 사람도 있죠. 이제 한 사람이 무엇을 좋아하는지, 추구하는 가치가 무엇인지, 어떤 성품을 가진 사람인지를 애써 설명하지 않아도 객관적으로 알게 될지도 모르죠. 저는 가끔 상상해요. 어떤 사람을 대중에게 소개할 때, "이 분은 다른 이를 돕고자 하는 이타적 동기가 전체 행동 동기 중 45퍼센트나 되고, 정직함을 가장 소중한 가치로 여깁니다. 정의롭지 못한 이익을 거부하는 선택에 적극적으로 반응하고, 겸손함에서 상위 10퍼센트 안에 들어가는 역량을 가지신 분입니다. 모두 이 분을 박수로 맞이합시다"라고 하는 날이 오지 않을까 라고. '사이코패스'나 '소시오패스' 같은 고도의 전문 용어가 유행어가 되어 가는 이 시대를 보노라면, 우리 사회의 이런 갈증이 느껴집니다. 상대가 정말 좋은 사람인지 알고 싶은 마음 말이죠. 즉, 성실성이나 정직성, 문제 해결 능력, 성품과 기질을 알지 못해 겉모습을 보고 추측하거나, 학력, 경력을 보고 판단하는 지금의 문화가 크게 바뀔 날이 곧 올지도 몰라요. 그러면 지금 외모와 학력을 보듯, 공감 능력이 많은 사람, 책임감과 집중력이 높은 사람, 스트레스 대처 능력이 뛰어나고 수용력이 좋은 사람이 인기를 얻을지도 모르죠. 말 그대로 '성품 미인'의 시대가 열리는 겁니다. 오랜 세월에 걸쳐 겉모습으로 상대를 파악하도록 발전한 인간의 인식 구조에 큰 변화가 오겠죠. 그리고 이런 변화를 불러오는 주인공은 바로 심리학이 될 수 있습니다.

국내의 대기업들도 점점 상담사 채용을 늘리고 있습니다. 디자인 분야 회사, 제약 회사, 컴퓨터 계열 회사들도 심리학자 등용에 적극적인 입장이죠. 불안정한 우리 사회에서 심리학은 '유망 직종'으로 점점 떠오르리라 예상됩니다. 앞서 말했듯, 심리학은 인간이 있는 곳이라면 어느 분야든 뻗어 갈 가능성이 있으니까요. 그래서 이제 앞으로 여러분이 나서게 될 심리학의 세계는 '얼마나 멀리 갈 것인가'보다, '어떤 방향으로 갈 것인가'가 더 중요하다고 생각합니다. 진정 심리학에 발을 딛고 싶은 사람이라면, 무한대로 발전할 심리학의 물결을 어떤 가치관의 물길로 흐르게 할지 고민해 보았으면 해요.

인간, 다시 신비로워지다

'인간의 신비'에 끊임없이 도전해 온 심리학이 이제 그 답이 눈앞에 있다는 자신만만한 전망을 내놓고 있습니다. 인간의 유전 지도도 분석했을 뿐 아니라, 인간이 기억하고 정서를 느끼는 시스템을 알게 되었고, 뇌 각 부분의 역할과 능력을 빠른 속도로 밝혀 가고 있어요.

인간 능력의 한계를 객관적으로 측정하고, 어떤 방식으로 행동을 통제하거나 강화하는지에 대한 많은 데이터를 쌓고 있죠. '인간'에 대해 밝혀낼 비밀이 없어질 때가 곧 온다고 많은 심리학자가 말해요.

그러나 다른 쪽에서는 인간이 만든 심리학이 인간을 다 알게 되는 날은 오지 않으리라고 생각하기도 합니다. 그들은 지금까지 인간이

만들어 온 기준과 영역 안에서 인간을 분석하고 결과를 내놓고서는, 그것으로 인간을 다 알았다고 말하는 일 자체가 적절치 않다고 생각하죠. 도리어 기술의 발전으로 기존의 체계와 기준으로는 담지 못했던 인간 안의 새로운 미지의 영역이 발견되리라고 기대해요. 원자를 발견하고서 이제 물질의 모든 구성 요소를 알게 되었다고 자부하던 시절, 기술의 발전으로 원자가 더 작은 물질로 쪼개진다는 새로운 사실이 밝혀졌듯이 말이죠. 이런 일은 과학의 역사 속에서 끝없이 반복됐습니다. 그렇기에 지금 심리학의 발전은 인간의 신비를 다 밝혀내는 것이 아니라 여태까지 알지 못했던 미지의 영역을 발견하는 과정이 될 것이라고 믿죠.

저는 지금까지 사람이 구분해 둔 몇 가지 영역과 기준으로 인간의 전체를 다 설명했다고 할 수는 없다고 생각합니다. 우리가 무지개를 다섯 색깔이라고 볼 수도 있고, 명도와 채도에 따라 수십 가지 색의 연합이라고 볼 수도 있듯이 말이죠. 그렇기에 기술이 아무리 발전한다 해도 심리학을 이용해 무엇을 할 것인가, 어느 방향으로 갈 것인가를 결정하는 인간의 자리는 고유할 거예요.

궁금해요!

사회 복지학과 심리학의 차이는 뭔가요?

우리나라에서 심리학과 가장 혼동을 많이 빚는 분야가 사회 복지학인 듯해요. 사회 복지학을 공부하면 심리 상담을 할 수 있다고 생각하는 청소년도 많죠. 이 두 분야는 기본적인 목적이 비슷해요. 어려움을 겪는 사람들을 돕고 사람들의 행복을 증진하고자 함이죠. 하지만 이 두 학문은 문제 해결을 위한 접근 방식과 관점부터 뚜렷이 차이가 난답니다.

사회 복지를 사전에서 찾아보면 “국민의 생활 안정 및 공중위생, 사회보장 제도 등 복리를 향상하기 위해 힘쓰는 일이나 그와 관련된 정책 등을 통틀어 이르는 말”이라고 나와요. 사회 복지는 초기에는 가난하고 어려운 사람들을 돕는 ‘자선’의 개념부터 시작했지만 사회 구성원의 삶의 질을 높이고 어려운 구성원이 복지를 통해 더 나은 삶을 살도록 시스템과 정책, 제도를 만드는 일까지 다양한 역할을 해요. 우리나라에서 지금 누리고 있는 복지 제도의 혜택은 대표적으로 건강보험, 국민 기초생활 보장제도 등이 있죠.

심리학이 사람의 내면 문제와 역동을 다루고 심리적 고통을 감소시켜 건강한 삶을 살도록 돕는다면, 사회 복지는 제도를 만들고 여러 복지 사

업을 통해 외적인 도움을 줌으로써 현재 삶의 결핍된 부분을 보충하고 삶의 질을 높임이 주된 관심사라고 할 수 있어요. 예를 들어, 어떤 가난하고 우울한 사람을 돕고자 한다고 생각해봐요. 심리학은 가난을 대하는 그 사람의 심리적 상태와 우울함에 관심을 기울여요. 공감과 긍정적 피드백으로 자존감 회복을 유도하면서 우울하게 하는 부정적인 신념들을 수정하죠. 동시에 그 사람이 잘하는 일과 자원을 탐색해서 현재 삶의 자리에서 시도해 볼 만한 대안적 선택을 하도록 돕고, 격려할 거예요. 반면 사회 복지학은 그 사람이 현재 가난한데도 도움을 받지 못하는 시스템의 원인을 분석해요. 공적 지원을 줄 수 있는 사업을 구상하는 등 방법을 찾죠. 또는 실업 프로그램에 참여시켜 직장을 구할 기회를 제공해 주려고 할 거예요. 즉, 심리학은 어려운 문제를 겪는 한 개인의 상태와 능력을 파악하는 데서 출발해 어려움을 타파하거나 그 상황을 더 잘 감당하도록 개인적 성장과 변화가 일어나게 돕는 데 더 초점을 둔다면, 사회 복지학은 개인이 지금 당면한 고통에서 벗어나도록 필요한 지원을 하고, 환경을 변화시켜 그 사람의 문제를 해결하는 데 더 초점을 두는 거예요. 그래서 심리학은 주로 개인적인 접근을 한다면, 사회 복지학은 사회적, 제도적 접근을 하죠.

두 접근이 다 효과적이지만 동시에 한계를 가지고 있어요. 예를 들었던 심리학적 접근의 경우, 그 사람이 자신의 변화와 능력만으로 해결할 수 없는 제도적 한계(실업률이 높아 노력해도 취업이 쉽지 않거나, 많은 빚이 있어 돈을 벌어도 가난을 해결하기 어려운 경우 등)에 부딪힐 때 적극적으로 문제를 해결할 외부적인 도움을 주기가 어렵죠. 사회 복지적 접근은 그 사람에게 직업을 구해 주어도 낮은 자존감과 우울함, 무기력함 등의 개인적 요인이 해결되지 않아 쉽게 포기하고 다시 가난한 상태로 돌아갈 위험이 있어요. 인간은 환경에 영향을 받는 동시에 스스로 환경을 만들어 내기도 하는 존재이니까요.

그래서 심리학과 사회 복지학은 경쟁하기보단 상호작용하며 협력해야 하는 분야예요. 서로의 한계를 보완할 가장 좋은 능력을 갖추고 있으니까요. 이런 통찰 속에서 이미 미국을 비롯한 여러 나라에서는 심리학자와 사회 복지사가 함께 팀을 이뤄 일해요. 뉴욕에서 개발된 청소년 위기 개입 프로그램의 경우 심리 상담사, 사회 복지사, 정신과 의사나 임상 심리사,

법률 전문가가 한 팀을 이뤄 일하죠. 이런 식의 연계 작업은 효과가 무척 높다고 증명되고 있고, 점점 더 확대되는 추세예요. 우리나라에서도 이런 협력 시스템이 계속 시도되고, 점점 더 확대되리라 믿어요.

사회 복지도 일차적으로 어려움을 겪는 사람을 만나 그들의 문제와 시스템의 약점을 파악하고 필요한 도움을 주어야 하므로 사람을 만나는 일이 중요해요. 단지 문제를 해결하는 접근이 다른 것이죠. 그래서 기본적인 심리학 기법과 지식을 배워요. 미국에서는 좀 더 전문적인 심리학 지식이 있어야 하는 직종도 있죠. 아동 복지사, 노인 사회 복지사, 의료 사회 복지사, 정신 보건 사회 복지사, 정신 장애자 사회 복지사, 공중 보건 사회 복지사, 학교 사회 복지사 등이 심리학 지식이 있어야 하는 대표적인 사회 복지 직종이에요.

사람을 돕고자 하는 동기로 일을 찾아보고 싶다면 이 두 영역에 모두 관심을 가져도 좋아요. 큰 틀에서 사회적 시스템을 만들고 새로운 사업과 더 나은 제도를 통해 복지를 확충하는 길이 더 매력적이라면 사회 복지를, 사람을 만나 직접 그들의 심리적 문제를 치료하고, 개인의 회복과 변화의 과정을 가까이서 전문적으로 돕는 일을 하고 싶다면 심리학을 선택해 보면 좋을 거예요.

참고 자료

기사

'사이코패스보다 더 무서운 소시오패스', 오마이뉴스 2013년 2월 14일.

'성형 수술 전과 후: 몸의 변화, 마음의 변화', 사이언스온 2014년 3월 28일.

'한식 세계화 예산 1/5 잘못 집행', SBS 뉴스 2013년 6월 22일.

영상

'겉모습이 전부가 아닙니다. 저를 믿으세요, 저는 모델이거든요', 카메론 러셀, TED 2012.

'뚱뚱해도 괜찮아', MBC 〈시사매거진 2580〉 2014년 11월 17일.

'왜 다이어트는 보통 효과가 없는 걸까?', 산드라 애모트, TED 2013.

'자본주의 2부-소비는 감정이다', EBS 〈다큐프라임〉

'학교란 무엇인가 6부-칭찬의 역효과', EBS 〈다큐프라임〉

책

노먼 라이트 지음, 이은미 옮김, 『어떻게 위로할까?』, 생명의말씀사, 2015년.

노미 마사히코·노미 도시타카 지음, 박희연 옮김, 『혈액형을 알면 상대가 보인다』, 동서고금, 2006년.

노안영 지음, 『삶의 지혜를 위한 상담 심리』, 학지사, 2011년.

대니얼 네틀 지음, 김상우 옮김, 『성격의 탄생』, 와이즈북, 2009년.

데이비드 케슬러 지음, 이순영 옮김, 『과식의 종말』, 문예출판사, 2010년.

데이비드 코언 지음, 원재길 옮김, 『마음의 비밀』, 문학동네, 2004년.

딕 티비츠 지음, 한미영 옮김, 『용서의 기술』, 일마, 2008년.

로버트 D. 헤어 지음, 황정하·조은경 옮김, 『진단명 사이코패스』, 바다출판사, 2005년 12월.

리처드 그릭스 지음, 신성만 외 옮김, 『심리학과의 만남』, 시그마프레스, 2016년.

리처드 와이즈먼 지음, 김영선 옮김, 『미스터리 심리학』, 웅진지식하우스, 2011년.

마누엘 스미스 지음, 박미경 옮김, 『내가 행복해지는 거절의 힘』, 이다미디어, 2012년.

마셜 로젠버그 지음, 캐서린 한 옮김, 『비폭력대화』, 한국NVC센터, 2011년.

마틴 린드스트롬 지음, 박세연 옮김, 『누가 내 지갑을 조종하는가』, 웅진지식하우스, 2012년.

박원순 외 지음, 『행복한 진로학교』, 시사IN북, 2011년.

사토 다쓰야·와타나베 요시유키 지음, 김경원 옮김, 『처음 만나는 심리학』, 불광출판사, 2012년.

스튜어트 D. 프리드먼 지음, 홍대운 옮김, 『와튼스쿨 인생특강』, 비즈니스북스, 2013년 10월.

스티븐 핑거 외 지음, 이한음 옮김, 『마음의 과학』, 와이즈베리, 2012년.

아마르 레빈 · 레이첼 헬러 지음, 이후경 옮김, 『그들이 그렇게 연애하는 까닭』, 랜덤하우스코리아, 2011년.

올리버 제임스 지음, 윤정숙 옮김, 『어플루엔자』, 일마, 2012년.

윤가현 외 지음, 『심리학의 이해』, 학지사, 2012년.

이남석 지음, 『뭘 해도 괜찮아』, 사계절, 2012년.

이영돈 지음, 『KBS 특별 다큐멘터리-마음』, 예담, 2006년.

조벽 지음, 『조벽 교수의 희망특강』, 해냄, 2011년.

조영선 지음, 『Why? 심리학』, 예림당, 2011년.

조지 베일런트 지음, 이덕남 옮김, 『행복의 조건』, 프런티어, 2010년.

주잔네 라인커 지음, 여진 옮김, 『불량상사 보고서』, 투멘, 2007년.

최성애 지음, 『인간 커뮤니케이션』, 한단북스, 1997년.

최성애 지음, 『최성애 박사의 행복수업』, 해냄, 2010년.

최인철 지음, 『프레임』, 21세기북스, 2016년.

크리스토프 부르거 지음, 안성철 옮김, 『왕처럼 화내라』, 미래인, 2009년.

하영목 지음, 『10대의 꿈을 실현해 주는 진로 코칭』, 북하우스, 2005년.

한국 원목협회 지음, 『병상을 두드리는 목회』, 두란노, 2002년.

헨리 글레이트만 지음, 장현갑 외 옮김, 『심리학 입문』, 시그마프레스, 1999년.

헨리 나우웬 지음, 윤종석 옮김, 『춤추시는 하나님』, 두란노, 2011년.

전문 자료

강명윤, 「노암 촘스키의 인간과 사상」, 『미국학 논집』 28권 1호, 1996.

문승태, 『청소년의 진로탐색과 결정』, 한국학술정보, 2006년.

해외 자료

Cynthia McPherson Frantz and Courtenay Bennigson, "Better late than early: The influence of timing on apology effectiveness". *Journal of Experimental Social Psychology*, Vol 41(2), Mar 2005, 201-207.

Dreikurs, R. and Grey, L. (1968). *Logical Consequences: A Handbook of Discipline*. Meredith Press.

Everett M. Rogers, Thomas M. Steinfatt (1999). *Intercultural communication*. Waveland Press, Inc.

Forer, B. R. (1949). "The fallacy of personal validation: A classroom demonstration of gullibility". *Journal of Abnormal and Social Psychology*.

Galore 17/2006, s.170.

Hall, E. (1966). *The Hidden Dimension*. New York: Doubleday

Heiko Ernst. "Herz plus Hirn: Emotionale Intelligenz im Alltag" *Psychologie heute* (02/2005)

Jeremy C. Anderson and Wolfgang Linden and Martine E. Habra. "Influence of apologies and trait hostility on recovery from anger". *Journal of behavioral medicine* 2006, 29(4): 347-58.

Jochen Paulus. "Wüteriche gefährdet". *Psychologie heute* (12/2002)

John Kador. "Effective Apology: Mending Fences, Building Bridges, and Restoring Trust"(2009)

Leving, G. Senn, D. J. & Jorgenen, B. W. (1970). "Progress toward permanence in courtships: atest of the Kerckhof-Davis hypothesis". *Sociometry*, 33(4), 427-443.

Sarah Klein, "Fatty foods may cause cocain-like addictaion". CNN.com, May 25, 2009.

Sillars, A. L. & Scott. M. D.(1983). "Interpersonal perception between intimates: An integrative review". *Human Communication Research*, 10, 153-176.

Steven J. Scher and John M. Darley. "How effective are the things people say to apologize? Effects of the realization of the apology speech act". *Journal of Psycholinguistic Research* 26.1 (1997): 127-140.

The Economist "Plastic makes perfect" (01/2013)

Verena Kast, Vom Sinn des Ärgers: Anreiz zu Selbstbehauptung und Selbstentfaltung Taschenbuch – 12. Januar 2010

Wood, Juulia T. (1982) "Communication and relational culture: Bases for the study of human relationship." *Communication Quarterly* 30, no. 2

* 청소년 책의 특성상 본문의 각주와 출처 표기를 생략한 부분이 있음을 밝힙니다.